Rebekka Reinhard
WACH DENKEN

Rebekka Reinhard

WACH DENKEN

Für einen zeitgemäßen
Vernunftgebrauch

Bibliografische Information der Deutschen Nationalbibliothek

Die Deutsche Nationalbibliothek verzeichnet diese Publikation
in der Deutschen Nationalbibliografie; detaillierte bibliografische
Daten sind im Internet unter http://dnb.d-nb.de abrufbar.

Umschlag: Groothuis, www.groothuis.de
Covergestaltung und Illustration: Ralf Nietmann |
www.ralfnietmann.de
Herstellung: Das Herstellungsbüro, Hamburg |
www.buch-herstellungsbuero.de
Druck und Bindung: CPI – Clausen & Bosse, Leck
Printed in Germany

Dieses Werk wurde vermittelt durch die
Michael Meller Literary Agency GmbH, München.

ISBN 978-3-89684-282-4

Inhalt

Dieses Buch ist den Frauen weltweit gewidmet. Frauen aller Haut- und Haarfarben und jeder Körbchengröße. Verheirateten und ledigen Frauen. Hart arbeitenden und berenteten Frauen. Müttern, Singles, Trans*. Denen, die sich allein fühlen, und denen, die endlich ihre Ruhe haben wollen. Die es lieben, eine Frau zu sein … und die es hassen. Keine von uns soll je wieder in ein Kästchen gesteckt werden dürfen. Keine je mehr nur in ihrer Expertise für »Frauenthemen« anerkannt werden, sondern für alle Themen, von denen wir Ahnung haben.

#nobullshitfeminismus

> »Aber diese Macht des Computers ist nur
> ein extremes Beispiel für dieselbe Macht,
> die allen anderen sich selbst bestätigenden
> Denksystemen innewohnt.«
>
> JOSEPH WEIZENBAUM

0 Die Verblödung der Vernunft

Es war ein sonniger Morgen, als am 11. September 2001
nach bester Hollywood-Manier zwei Flugzeuge ins New
Yorker World Trade Center rasten. Niemand kannte sich
mehr aus: War das, was da gerade passiert war, real,
irreal, surreal? Mit 9/11 begann eine Art »hyperreales«[1]
Zeitalter. Was würde den Zusammenbruch der Zwil-
lingstürme – und damit den der Wirklichkeit, wie wir
sie kannten – toppen können?

2016 wurde Donald Trump zum Präsidenten der Vereinigten Staaten gewählt. Seither scheinen noch ein
paar Flugzeuge mehr die Realität gerammt zu haben.
Das Laute ist lauter, das Dumpfe dumpfer, das Schnelle
schneller und das Neue neuer geworden. »Neu« ist jetzt
das neue »schlau«. Aktualitäten, über die sich alle auf-
regen und bei denen alle mitreden wollen, poppen im
Sekundentakt auf. Ihr geistiger Gehalt? Egal. Giganti-
sche Mengen von Katastrophenmeldungen prasseln als
Breaking News auf unsere armen Gehirne ein und dro-
hen sie dauerhaft zu deformieren.

Wie konnte es so weit kommen und wenn ja, wie
schlimm ist es wirklich? Ganz schlimm, meinen be-

rühmte Intellektuelle. Schriftstellerinnen und Autoren wie Eva Menasse[2] oder Jonathan Franzen[3] sehen die kultivierte demokratische Öffentlichkeit einer wahlweise marktförmigen oder populistischen Idiotie ausgeliefert, die dem Irrsinn der Welt nichts entgegenzusetzen hat. Ist das so? Ist die Dummheit wirklich die »große, weltumspannende Macht, die jeden von uns fest im Griff hat«, wie der österreichische Kabarettist Josef Hader meint?[4] – Ich glaube nicht. Das Bild vom modernen Menschen als einem konsumwütigen, dementen Smombie[5], dessen einzige Erleuchtung vom Schein elektronischer Geräte herrührt, der auf der Suche nach Neuigkeiten an den sozialen Medien zuzelt wie ein Säugling an der Mutterbrust und schlicht zu blöd ist, um den Ernst der Lage zu durchschauen – dieses Bild überzeugt mich nicht. Ich glaube: Nicht die Dummheit sollte uns Sorge bereiten. Sondern die Verblödung der Vernunft.

Rational-irrational

Die Vernunft verblödet, wenn sie genauso operiert wie das Smartphone ihres Trägers: schnell, neu, lösungsfixiert, zweifelsfrei. Im Unterschied zur reinen Dummheit schließt verblödete Vernunft Rationalität nicht aus. Sie enthält allerdings nur noch deren Basismodule. Der eigentlich interessante Rest – Selbstreflexion, kritisches Hinterfragen, relevante Zweifel, begründete Einsprüche, experimentelles Überprüfen von Hypothesen – landet auf dem Wertstoffhof. Innehalten? Geht gar nicht. Effizienz über alles! Ziel aller verblödeter Vernunft ist es, den Irrsinn in den Griff zu kriegen, endlich mal richtig aufzuräumen, alle Neuigkeiten zu sortieren und auf den plattesten gemeinsamen Nenner zu bringen. **Ihr zentrales Dogma ist das falsche Dilemma[6]: Entweder – Oder.** Entweder das eine oder das andere. Wenn man sich für das eine entschieden hat, kommt das andere nicht in Frage. Wenn das eine gut und richtig ist, ist das andere falsch und schlecht. Mehr hat verblödete Vernunft nicht auf dem Kasten.

Philosophisch gesprochen, besteht der rationale Aspekt dieser Vernunft

1. im Prinzip der Zweiwertigkeit (»entweder wahr oder falsch«),
2. in dem Satz vom Widerspruch (»Es ist unmöglich, dass etwas der Fall ist und zugleich nicht der Fall ist«) und
3. in dem Satz vom ausgeschlossenen Dritten (*tertium non datur*).[7]

Alle drei Grundsätze löschen im Dienste der verblödeten Vernunft Widersprüche, Mehrdeutigkeiten, Paradoxien, Vielfalt ratzfatz aus.

Das irrationale Element verblödeter Vernunft zeigt sich in ihrem ideologischen Machtanspruch, mit dem sie sich permanent selbst bestätigt.[8] Sie setzt sich selbst nämlich absolut. Sie lässt nichts anderes neben sich gelten. Wie ein ewig gestriger, herrschsüchtiger Patriarch, vor dem alle kuschen sollen. In ihrer Starrheit weist diese irrationale Rationalität eine verblüffende Nähe zur binären digitalen Informationsverarbeitung von Computern auf.[9] **Ich nenne sie deshalb Computer-Logik[10] – ein Denken, das Vieldeutigkeit in Eindeutigkeit übersetzt und nur zwei Zustände zulässt: das widerspruchsfreie Entweder-Oder.** In der Binärsprache der Computer: Null oder Eins. Eine dritte Möglichkeit wird nicht gegeben.

Ich glaube, dass Computer-Logik die Gehirne vieler, zu vieler Menschen gehackt hat. Ob Fakt oder Fiktion (oder eine diffuse Mischung aus beidem), die Massen immer neuer irrer Krisen, Katastrophen, Breaking News machen Angst. Wie überleben wir die Wirtschaftskrise? Was macht der Klimawandel aus unserem Planeten? Wann übernehmen die Zuwanderer unser Land (egal welches)? Computer-Logik gibt auf offene Fragen geschlossene Antworten, die so einlullend wirken wie Kaufhausmusik. Computer-Logik ist weder weise noch zeitgemäß noch zukunftsweisend. Man muss sie aufgrund ihrer mangelnden Agilität und Starrheit schlicht DUMPF nennen. Wohin es führen kann, wenn wir unter dem Einfluss computer-logisch verblödeter Vernunft stehen, sehen wir nicht nur in den sozialen Medien, in Großkonzernen, in der Politik, in Bildungsinstitutionen, sondern auch in unseren ganz privaten Beziehungen – und überall dort, wo Eindimensionalität und Sturheit um sich greifen. Ideologische Verblendung, Rechthaberei, Autokratie und Sexismus speisen sich aus derselben Quelle: der Computer-Logik, die uns unseren offenen Geist und unser Herz zuklappen lässt, die unsere Erkenntnisse mit quasi algorithmischer Präzision in die immer gleichen Wiederholungsschleifen lockt. Deren

Leitmotive lauten: Problem oder Lösung (→ Kapitel 1),
Erfolg oder Scheitern (→ Kapitel 2), echt oder Fake
(→ Kapitel 3), Mann oder Frau (→ Kapitel 4).

Frag Siri

Computer-Logik verhindert nicht nur, dass wir so vernünftig sind, wie wir sein könnten. Sie beeinträchtigt
auch unsere Menschlichkeit und nimmt uns unsere
Freiheit. Kaum hat sie ein paarmal: »Ich kümmere mich
darum!« geflötet, überlassen wir ihr auch schon das Ruder. Und versetzen unsere originellsten, innovativsten
Gedanken, die immer wieder quirlig wie Kleinkinder
gegen das große Entweder-Oder aufbegehren, ins künstliche Koma.

Die computer-logische Binarität weist nicht nur eine
Familienähnlichkeit mit der zweiwertigen Funktions-
weise elektronischer Geräte auf, sondern auch mit dem
Prinzip der »Verhaltensformung« des amerikanischen
Psychologen B. F. Skinner (1904–1990).[11] Skinner war
Begründer des Radikalen Behaviorismus, einer empiri-
schen Methode, die menschliches (Lern-)Verhalten aufgrund beobachtbarer Reaktionen auf bestimmte Außen-
reize berechnet, steuert und vorhersagt.[12] Lange bevor
Amazon- und Google-Algorithmen zum Einsatz kamen
und uns über unser Wollen und Wünschen belehrten,
sollte diese »Technologie« Menschen daran gewöhnen,
sich zum Wohle einer funktionierenden Gesellschaft[13]
programmieren zu lassen, also nach dem binären Grund-

satz »entweder Belohnung oder Bestrafung« bestimmte Dinge zu tun und zu lassen.[14] In einem Plexiglaskasten, der berühmten »Skinner-Box«, experimentierte der Psychologe mit Ratten und Tauben, um sie auf ein bestimmtes Futterverhalten zu konditionieren und so die Regeln zu ermitteln, nach denen auch andere Lebewesen lernen. Ich sehe eine enge Verwandtschaft der Computer-Logik mit Skinners Vorgehensweise: Sie lockt unsere freien Gedanken in ihren Käfig. Einen personalisierten Käfig ganz nach unserem individuellen Geschmack, wohltemperiert und gut riechend, mit weichen Sitzpolstern, Hightech-Ausrüstung und endlosem Netflix- und Erklärvideo-Zugriff. Wo sich jeder – bei korrekter Führung, das heißt bei Unterdrückung jedes kritischen Gedankens – seine Belohnung holen darf; wo es für jedes Problem eine Lösung gibt und alles so reibungslos läuft, dass man jede mögliche Kritik an der Sache sogleich vertrauensvoll an der Garderobe abgibt. Computer-Logik nudged[15] unseren Verstand, bis auch das letzte Hirnstübchen von Reflexionsresten gereinigt ist und, höchst komfortabel, nur noch zwei Zustände zulässt: Entweder – Oder.

Nicht alles, was eindeutig scheint, ist schlecht. Ohne eine gewisse Eindeutigkeit könnten wir überhaupt keine Entscheidungen treffen. Würden wir von der Komplexität unseres Alltags, der voller Zufälle und Unwägbarkeiten steckt – vom geplatzten Reifen über das Familiendrama bis hin zur historischen Katastrophe –, nicht hinreichend abstrahieren, wären wir gar nicht lebensfähig. Wenn wir nicht annähmen, dass wir auch heute wieder unbeschadet an unseren Arbeitsplatz kommen und in ähnlichem Zustand nach Hause gelangen, würden wir nicht mal den großen Zeh aus dem Bett kriegen. Wir wären hilflos unseren Grübeleien ausgeliefert. Doch wenn wir es mit der Vereindeutigung des Uneindeutigen übertreiben, wenn wir keine anderen Alternativen mehr sehen als Problem oder Lösung, Erfolg oder Scheitern, echt oder Fake, Mann oder Frau, wenn wir uns von der Widerspruchsfreiheit des großen Entweder-Oder steuern lassen und jegliche Unwägbarkeit zum Feind erklären, versteifen wir uns. Wir verlernen, flexibel, kreativ, menschlich zu sein. Wir werden DUMPF. Wir vergessen, was es heißt, frei zu sein.

Was heißt es denn? Kommt drauf an, wen man fragt. Fragt man Siri: »Wie wählt man aus dem Menu des Lebens aus?«, verweist die Apple-Software mit der netten Frauenstimme blitzschnell auf einschlägige Nachrichtenseiten: »Das hier habe ich gefunden!« Siri kann nicht anders. Sie muss eine existenzielle Frage mit einer brandneuen Information verwechseln. Zwischen dem Antworten und dem Schweigen wählt Siri stets das Antworten. Sie will alles wegerklären, alles bereinigen. So wie wir, wenn wir der irrationalen Rationalität der Computer-Logik verfallen. Wir verlieren, was uns WACH hält.

Die Macht von WACH

DUMPF ist mächtig, aber WACH ist noch mächtiger. DUMPF verdrängt die Angst, WACH verspürt »Angstlust«. DUMPF will keine individuellen, unabhängigen Gedanken. WACH steht auf die eigenen kreativen Ideen aller – und tut alles, um das Selbstdenken zu teilen und zu vernetzen. WACH arbeitet individuell-sozial wider die verblödete Vernunft. Es öffnet Filterblasen und Echokammern nicht mit der Brechstange, sondern mit einer spielerischen Haltung. Es rebelliert gegen die Versteifung. Es handelt, bevor es bereit dazu ist. Es fordert nicht Heroismus, sondern »spielt« den Helden – und bewirkt eben dadurch Großes. Computer-Logik ist zu DUMPF, um WACH zu kapieren.

WACH ist ein Kind des philosophischen Pragmatismus.[16] Wie Skinners behavioristische »Technologie« ist die pragmatistische Methode eine höchst einflussreiche amerikanische Erfindung. Beide setzen auf Experimente, um unser Denken, Fühlen, Handeln zu beeinflussen – um Kultur und Gesellschaft zu verändern. Aber anders als Skinner beanspruchen Pragmatisten nicht, irgendetwas oder irgendjemanden zu einem vorausberechneten Ziel hinsteuern zu können. Sie bauen nicht auf den Menschen als Teil einer dumpfen Herde, die sich mit Belohnungen in die gewünschte Richtung lenken lässt, sondern auf einen »aktiven Individualismus«[17] der Vielen. Null oder Eins, Belohnung oder Bestrafung? Pragmatisten versuchen nicht, die Vielschichtigkeit von Welt und Mensch zu vereindeutigen und zu kontrollieren – sie sehen das Universum vielmehr als Werkzeug, um unsere Ideen zu schärfen. Sie akzeptieren, dass sich die Welt (wie wir selbst) auf ein unbestimmtes Ziel hin entwickelt; rechnen mit einer Realität voller Zufälle, Überraschungen, Unvorhersehbarkeiten; kleben nicht an bewährten Dogmen; sind bereit, ihre Meinungen zu revidieren. Sie sind offen für andere Fragen, andere Möglichkeiten. Auch dafür, Tradition und Gegenwart in kreativ-anarchischer Weise neu zu verknüpfen.

WACH denkt mit dem Herzen. Mit der Seele einer Künstlerin, eines Künstlers. Mit starken Emotionen, die verwirren und eben deshalb in die Zukunft führen. WACH ist keine Frage des Alters. Es ist eine Frage der Haltung. **WACH ist das, was jenseits von Null und Eins liegt.** Was jenseits aller Aufregung um die nächste Neuigkeit die Lust am Leben wachhält.

Was kann der Mensch? – Menschen sind viel mehr als nur Bündel messbarer Verhaltensweisen. Sie sind keine fantasielosen Informationsverarbeitungsmaschinen. Sie haben mehr drauf als Computer-Logik. Sie können aus den Binaritäten, die sie erstarren lassen und einengen, ausbrechen.

»Wir werden nie die richtigen Antworten auf unsere Fragen erhalten, wenn wir nicht die richtigen Fragen stellen«, schrieb der Begründer der Kybernetik, Norbert Wiener (1894–1964), besorgt über die künftigen Kontrollmöglichkeiten von Computertechnologien, schon 1950.[18] Diese Fragestellkompetenz ist die wichtigste Fähigkeit des 21. Jahrhunderts. Sie resultiert unmittelbar aus der menschlichen Hardware: unserem Hirn und unserem Herzen. Mit diesem Buch möchte ich eine Befreiungsaktion starten. Ich möchte unsere Hardware ein wenig tunen, kreativ upgraden und um ein paar progressive Module erweitern. Damit wir nicht irgendwann feststellen: Wir waren zwar da auf dieser Welt – haben aber nicht wirklich gelebt.

Teil 1 – DUMPF nimmt sich die Leitmotive der Computer-Logik vor: Problem oder Lösung, Erfolg oder Scheitern, echt oder Fake, Mann oder Frau. Das *erste Kapitel* zeigt die Unterschiede zwischen irrationaler Rationalität und aufgeklärter Vernunft und erklärt, was der Behaviorismus B. F. Skinners mit Nullen und Einsen zu tun hat. Das *zweite Kapitel* ist eine kritische Bestandsaufnahme unserer (immer noch) männlich-heroisch geprägten Erfolgsgesellschaft, die jedes Scheitern verbietet und – nicht nur in der »freien« Wirtschaft – mit Freiheit und Originalität auf Kriegsfuß steht. Das *dritte Kapitel* handelt von den komplizierten Zusammenhängen zwischen dem Echten und Falschen und untersucht, wie viel Realität und objektive Wahrheit in dieser Welt überhaupt noch übrig ist (eine ganze Menge!). Das *vierte Kapitel* zeigt, wie sehr Computer-Logik auch geschlechtsspezifische Machtverhältnisse verstärkt und durch die binäre Etikettierung von »Mann« und »Frau« alle menschliche Vielfalt in ihr starres Raster zwingt.

Wie kann der Ausbruch aus dieser Computer-Logik gelingen? *Teil 2 – WACH* ermöglicht Perspektivwechsel und liefert pragmatisch-kreative Methoden, um die starren

Alternativen von Null oder Eins, Entweder – Oder zu umgehen. Verstand braucht Emotion, Hirn braucht Herz, lautet hier die Devise. In diesem Sinne zeigt das *fünfte Kapitel*, wie man das zeittypische, widersprüchliche Gefühl der »Angstlust« mit einer spielerischen Haltung dem Leben gegenüber verbinden kann. Das *sechste Kapitel* fragt nach der Möglichkeit eines neuen, weichen Heldentums, das Ambivalenzen zulässt, anstatt sie zu verbieten. Das *siebte Kapitel* führt den Zauber des Absurden vor und argumentiert für einen Eigen-Sinn der Sinnlosigkeit, um die kognitive Versteifung zu lockern. Das *achte Kapitel* entstand im März 2020, als es plötzlich nur noch ein Thema gab: Corona. Dieses letzte Kapitel reflektiert die Frage, wie die bisher getrennten (Experten-)Kulturen von Philosophie und Ökonomie, Theorie und Praxis zu einer neuen Universalpoesie verschmelzen könnten – und warum sie es sollten, wenn waches Denken, Freiheit und Menschlichkeit nicht nur eine kurze Episode im Strom verblödeter Vernunft bleiben sollen. Welche »Un-Tugenden« wir dabei brauchen könnten, steht im *Epilog*.

Auch geschriebene Sprache hat eine Stimme, einen Ton, eine bestimmte Melodie. *Wach denken* ist auch eine sprachliche Performance, jedes Kapitel hat einen eigenen Rhythmus – ein Buch, das sich gut zum Vorlesen (oder Vorsingen!) eignet. Am Ende des Buchs finden Sie für jedes Kapitel eine *Playlist*. Wenn Sie sich musikalisch auf den Sound von *Wach denken* einstimmen möchten, freue ich mich, wenn Sie auf meine ganz persönliche

Auswahl zurückgreifen oder die Playlist »Rebekka Reinhard – Wach denken« auf Spotify ergänzen.

Und noch ein Allerletztes: Dieses Buch ist den Frauen gewidmet. Warum eigentlich? Themen wie Gleichberechtigung, Lohnungleichheit und Sexismus stehen darin nicht an erster Stelle. Und doch möchte ich *Wach denken* als feministisches Buch verstanden wissen. Als meinen Beitrag zu einem #nobullshitfeminismus, der weder mit Ideologie noch mit Marketing zu tun haben möchte. Geschlechtergerechte Sprache ist zweifellos wichtig. Aber #nobullshitfeminismus heißt für mich nicht, dass in jedem Text jedem Menschen ein Gendersternchen verpasst werden soll. Wo das »*« zum unbedingten Muss wird, droht ein neuer Dogmatismus. Vernünftig »gendern« bedeutet für mich, darauf zu achten, dass in einem Text alle Geschlechter vorkommen – auf unverkrampfte, variable, sinnvolle Art und Weise. Für mich hat #nobullshitfeminismus das Ziel, Menschen mit augenscheinlich weiblichen Attributen überall ganz selbstverständlich in ihrer individuellen Würde und Expertise auch außerhalb reiner »Frauenthemen« Respekt und Anerkennung zu verschaffen.

Teil 1

DUMPF

1 Problem oder Lösung

Die Welt ist das Zuhause des Menschen. Anders als unsere Wohnung oder unser Haus liegt sie aber nicht einfach reglos da. Sie ist chaotisch, wirr, ständig in Aufruhr. Diese Welt rückt uns auf die Pelle. Sie macht sich auf den Screens unserer Smartphones breit. Sie bedrängt uns in High Definition, sobald wir die Fernbedienung zücken, laut, bunt, hektisch, intensiv, überwältigend. Die Welt lässt uns nicht in Ruhe – und wir sie nicht. Auf allen Kanälen wird sie kommentiert, jeder hat eine Meinung über sie. Die am meisten recht haben wollen, outen sich in Zeitungen, Talkshows und sozialen Medien. Im Wettbewerb um die größtmögliche Aufmerksamkeit schwellen Sprechblasen jäh zu Monstergebilden an, um von anderen, noch gewaltigeren, gleich wieder verdrängt zu werden. Nichts bleibt, wie es ist. Die Welt hat viele Gesichter, je nach Stimmung, Kontext und Quote. Sie ist ein singulär-plurales, hyperreales Hybrid aus Fakten und Fake, Zufall und Notwendigkeit. Wie soll man sich da zurechtfinden? Wie kann man sich hier heimisch fühlen?

Die Welt ist immer anders. Sie hat nicht nur vielfältige, widersprüchliche Erscheinungsformen, sie ist auch vieldeutig. Und das heißt: schwer in den Griff zu kriegen, zeitraubend, eine Zumutung. Das darf nicht sein. Es gibt doch für alles eine App! Wetter-Apps, Dating-Apps, Meditations-Apps, Game-Apps. **Warum hat noch niemand eine Welt-App erfunden?** Eine App, die endlich Schluss mit dem Chaos machen würde. Eine solche App wäre die Lösung aller Probleme. Sie könnte Vielfalt, Widersprüchlichkeit, Vieldeutigkeit in Eindeutigkeit transformieren. Sie wäre so programmiert, dass sie alles eindeutig trennen könnte: wahr von falsch, echt von fake, gut von böse.

Leider ist völlig unklar, wie lange es dauern wird, bis die Welt-App zur Marktreife geführt ist. So lange ist der moderne Mensch auf andere Methoden angewiesen, um seine Probleme zu lösen. Dieser Mensch ist, genau wie die Welt selbst, unfähig, einfach reglos dazuliegen. Dieser Mensch, dessen durchgetakteter Lebensweg sich unfreiwillig in Kreisen, Ellipsen und Spiralen dreht, kann ohne Probleme und Lösungen nicht leben. Er braucht sie wie ein Mathematiker seine Zahlen und Formeln. Eine der beliebtesten Techniken, die Welt in den Griff zu kriegen, besteht darin, ins Chaos hineinzugreifen und ein klar umrissenes, alles dominierendes Problem auszusondern. Zum Beispiel die Deutsche Bahn. Die Bahn war lange ein Problem, weil sie das reibungslose Funktionieren des modernen Menschen mit Verspätungen und Zugausfällen sabotierte. Ein Problem, das fahrplanmäßig und hygienisch Zukurzgekommene, die unter anderen Umständen niemals miteinander reden würden, zu einem Wir zusammenschweißte. Gemeinsam zeterte und wetterte man – über die Funklöcher, die verstopften Toiletten, die defekte Klimaanlage! So kriegte das existenzielle Chaos wenigstens eine handfeste Sprache, eine glasklare Form. Die Sache ist eindeutig: Die Bahn ist schuld. Woran? An allem natürlich. Schon hatte sich diese Meinung viral verbreitet, schon hatte man eine Wahrheit – und damit die Lösung. Eindeutigkeit tut gut. Deshalb sind nicht nur kollektive Aufregereien so beliebt, sondern auch Castingshows, Gameshows, Talkshows, Krimis, True-Crime-Storys. Man streamt *Hart aber Fair*, man glotzt *Wer wird Millionär*, weil hier Probleme effizient identifiziert, erklärt und beseitigt werden. Weil es dort – anscheinend? scheinbar? – immer eine Lösung gibt.

Vom Selbstdenken zur Computer-Logik

Der Mensch des 21. Jahrhunderts ist zutiefst rational. Er glaubt an die Macht von Vernunft, Wissenschaft und Objektivität. Er will das Chaos ordnen, Licht ins Dunkel bringen – lang ist der Arm Immanuel Kants (1724–1804) und der Aufklärung des 18. Jahrhunderts. Kant stiftete einst zum selbstständigen Vernunftgebrauch an, zum Hinterfragen überkommener Theorien, Dogmen und Autoritäten. Die Freiheit, von seiner Vernunft öffentlich Gebrauch zu machen,[19] auf die der Philosoph so großen Wert legte, liegt auch heute voll im Trend. Als Kant zum Selbstdenken ermutigte, dachte er natürlich nicht an Stammtische oder Facebook-Gruppen, wo jedes

»Wir« andere Probleme und Lösungen durchnudelt. Er hatte vielmehr eine »Weltbürgerschaft« freier, gleicher, brüderlich (und durchaus nicht schwesterlich) gesinnter Geistesmenschen mit Spaß am offenen Meinungsaustausch im Sinn. »Vernunft« war das Zauberwort der Aufklärung, das in »Moralischen Wochenschriften« und »Intelligenzblättern« an ein schnell wachsendes Publikum von Lese- und Debattierwilligen verbreitet wurde.[20]

Der moderne Mensch glaubt an aufgeklärte Vernunft, nicht aber an umständliches Selbstdenken. Sein Intelligenzblatt ist das Internet. Das Netz ist für ihn ein Zuhause, das erst dadurch gemütlich wird, dass er die darin befindliche Welt der Sortier-, Optimierungs- und Kontrollkompetenz von Algorithmen anvertraut.

Algorithmen – definiert als eindeutige Handlungsvorschriften zur Lösung eines Problems – sind die natürlichen Feinde der Vieldeutigkeit. Sie bestehen aus »wohldefinierten« (d.h. bewiesenermaßen *nicht* mehrdeutigen) Einzelschritten. Algorithmen sind praktisch. Sie können schneller rechnen als wir. Sie zweifeln nicht, sondern geben, ohne zu mucken, sofort und ständig Feedback. Sie sagen uns, welche Probleme wir haben und wie wir sie lösen können. Algorithmen sind ein menschengemachter Hauptbestandteil der Automatisierung und Computerisierung unseres Lebens, die eine phänomenale Erleuchtung versprechen – deren Funktionsweisen für die allermeisten jedoch dunkel bleiben.

Sie erklären uns auf Basis der Spuren, die wir online hinterlassen haben, was wir als Nächstes wollen, wählen, wünschen, fürchten werden. Sie drehen uns wie mit

Zauberhand in die gewünschte Richtung. Gewünscht von wem?

Der moderne Mensch liebt Transparenz, will aber nicht groß nachdenken und rauskriegen, was sich hinter den glatten Designs seiner Geräte verbirgt. Es wäre zu zeitintensiv und viel zu anstrengend. Ein Algorithmus ist das Ding zum Shoppen, Lernen und Musikhören; die Cloud das Ding, in das man alles schnell mal hochladen kann. Eine Wolke, ein Nebelgebilde? Man will keine Fragen, sondern glasklare Antworten. Alles muss schnell gehen. Man will wissen, welche Probleme man hat und wie man sie lösen kann. Wahr oder falsch? Gut oder böse? Unter den Bedingungen einer chaotischen Welt ist nicht die Komplexität des Selbstdenkens à la Kant gefragt, sondern die Eindeutigkeit von Programmiercodes und Maschinensprachen. **So wurde Selbstdenken zu Computer-Logik. Eine Logik, die blitzschnell Vieldeutigkeit in Eindeutigkeit übersetzt und nur zwei Zustände zulässt: Entweder – Oder.**

Auch eine digitale Schaltung kann nur aus zwei Zuständen bestehen: Null und Eins. Die Starrheit der Computer-Logik imitiert die »Rigidität der digitalen Technologie, (das) binäre An oder Aus der Bits«[21]. Die Binarität ist überaus verbraucherfreundlich. Man kann mit ihr durch die Welt navigieren, ohne an Vieldeutigkeiten kaputtzugehen. Probleme und Lösungen sind die Basisfunktionen des großen Entweder – Oder. Links oder rechts? Schwarz oder weiß? **Entweder man findet eine Lösung oder man hat ein Problem.** Zweifel ausgeschlossen. *Tertium non datur.* Computer-Logik zwingt nicht nur zum andauernden Problemlösen, sondern auch zur Akzeptanz der alternativlosen Entscheidung. Ohne Entscheidung keine Lösung, sagt die verblödete Vernunft. Geld oder Liebe? Wirtschaft oder Gesundheit? Wer sich nicht schleunigst entscheidet, weiß nicht, wie's läuft. Entscheidungen treffen heißt Probleme lösen. Ein Problem ist gelöst, wenn genau eine Lösung zu ihm passt. Man bewältigt das Leben, indem man die Vieldeutigkeit in ein akkurates Raster presst, man schafft Eindeutigkeit, indem man einfach zu allem ein Gegenteil konstruiert. Was schlecht ist, kann niemals gut sein. Wenn Reisen mit der Deutschen Bahn frustrierend sind, können sie nie beglücken. Wer seinen offenen Geist zuklappt, sortiert, optimiert und kontrolliert auf Teufel komm raus. Irgendwann beginnt das Gehirn zu knarzen – nicht, weil es so viele tolle innovative Ideen zutage fördert, sondern weil es wie sein großes Vorbild, der Algorithmus, das immer gleiche, *a priori* feststehende Ergebnis produziert. Null oder Eins. Problem oder Lösung. Die digitale Technologie ist unfähig, zwischen der realen Welt und ihrem Modell von Welt zu unterscheiden, und der moderne Mensch ist es zunehmend auch. Er hält die Entweder-Oder-Konstruktion für eine Systemvoraussetzung. Für das, was der Fall ist. Für das Ganze der Realität.

Zuckerbrot oder Peitsche

Der Mensch vertraut der Technologie nicht nur, weil sie so gut funktioniert, sondern auch, weil er sie nicht versteht. Es bleibt ihm gar nichts anderes übrig, als ihr zu vertrauen. Sowenig er aber auch die Technologie versteht, die natürliche Welt überfordert ihn gleichermaßen. Sobald er ein elektronisches Gerät in Händen hält, kommt sie ihm vor wie ein Fremdkörper. Denn die Welt bietet ihm eine Fülle möglicher Entscheidungen, ohne ihm die passende Anwendung mitzuliefern. Sie sagt ihm nicht, welche Option die richtige ist. Die Benutzeroberfläche der modernen Welt ist viel unübersichtlicher als die des antiken Mythos. Als der junge Herkules am Scheideweg zwischen einer moralisch verwerflichen und einer tugendhaften Existenz stand, gab es weder Frappuccinos noch Smoothies. Seither haben sich die Optionen, was man trinken, essen, leben kann, vertausendfacht. In der Welt wimmelt es jetzt vor Scheidewegen. Und das ist ein Problem. Welche Entscheidung ist richtig? Kaum poppt diese Frage auf, hat man schon Google befragt. Findet man keine Lösung für sein Problem, fühlt man sich bestraft. Tut man das, was die Leute aus der eigenen »Wir«-Gruppe tun, fühlt man sich belohnt. Bis man sein Geldproblem, Beziehungsproblem, Jobproblem, Depressionsproblem, Gewichtsproblem gelöst hat, hat man Trillionen Wischbewegungen auf dem Handy vollzogen – und minütlich wechselnde Informationen, Meinungen, Narrative dazu erhalten, welche Probleme als Nächstes anstehen.

Der moderne Mensch kann ohne Probleme und Lösungen nicht leben. Probleme und Lösungen helfen ihm, das Chaos zu strukturieren. Problem gleich Bestrafung, Lösung gleich Belohnung. Die Null-und-Eins-Logik, die die verblödete Vernunft über die Welt stülpt, funktioniert immer perfekter, je öfter man durchs Problemlösen belohnt wird.

Diese Veränderung im Denken scheint Teil einer umfassenderen Verhaltensänderung zu sein: der operanten Konditionierung. Dass menschliches Tun durch positive Anreize verstärkt und durch negative vermieden werden kann, bewies in den 1950er Jahren B. F. Skinner. Der Psychologe und Vertreter des Radikalen Behaviorismus, der »Lernmaschinen« für IBM konzipierte,[22] lieferte den Entwicklern der Digitalisierung in ihrer frühen Phase wichtige Impulse.[23] Skinners »Verhaltenstechnologie« operierte nach dem Prinzip: entweder Belohnung – oder Bestrafung. Sie hatte für jedes Problem eine Lösung. Sie passte perfekt in die neue Nullen-und-Einsen-Welt.

Wie sehr sich Skinners Menschenbild von dem Immanuel Kants unterscheidet, zeigt der Titel seines Magnum Opus: *Jenseits von Freiheit und Würde* (1971).[24] Skinners Utopie war eine globale Kultur totaler Gleichheit, in der alles Chaos, alle Vieldeutigkeit ausradiert ist; in der sich Menschen wie perfekt programmierte Automaten selbst steuern, optimieren und kontrollieren, angestupst nur durch ein paar sanfte Sanktionen. Der Mensch als Bündel von Verhaltensweisen braucht keinen freien Willen. Willensfreiheit ist schädlich für den Weltfrieden. Individuelles Selbstdenken ist das Problem, kollektive

Selbststeuerung die Lösung. »Es ist der autonome innere Mensch, der abgeschafft wird«, schreibt Skinner, »und das ist ein guter Schritt voran.«[25]

Like oder Dislike?[26] Die Vereindeutigungsmechanismen des Netzes, von Google bis Facebook, lassen Skinners Utopie gar nicht mehr allzu utopisch erscheinen. »Wir haben noch nicht erkannt, was der Mensch aus dem Menschen machen kann«, schrieb Skinner 1971.[27] Jetzt wissen wir es: Algorithmen, die auf Eindeutigkeit stehen.

Dass es so weit kommen konnte, liegt auch am sogenannten *automation bias*, also an der Tendenz, automatisierten Systemen mehr Objektivität zuzutrauen als eigenen Beobachtungen und Erkenntnissen.[28] Kein Wunder. Automatisierte Informationen liefern blitzschnell eindeutige Lösungen. Lahme menschliche Grübeleien machen nur Probleme. Also glaubt man etwa einer Rechtschreibprüfungs- oder Gesichtserkennungssoftware mehr als dem eigenen Wahrnehmungsapparat – selbst dann, wenn dieser rührend altmodische, aus menschlicher DNA gewirkte »Apparat« recht haben und das System irren sollte. Also setzt man nicht nur bei der Restaurantauswahl, sondern auch bei der Personalauswahl auf Algorithmen. Eine persönliche Beurteilung im Direktkontakt? So von Mensch zu Mensch? Viel zu vieldeutig! Viel besser, die Kandidatinnen und Kandidaten vom System erfassen und vereindeutigen zu lassen: sie messbar, vergleichbar, visualisierbar zu machen. Ein Algorithmus hat keine schlechte Laune. Ein Algorithmus ist nicht ungerecht. Er ist »objektiv«. Transparenz ist alles, Robot-Recruiting ist toll: Die Technik wertet Sprache, Stimme und Mimik aus, scannt Leistungsstärke, Belastbarkeit und Integrität, die Personalchefin gibt ihren computer-logischen Senf dazu[29] – und schon folgt die Belohnung: Die neue Mitarbeiterin ist im Kasten.

Der Rudel-Schalter

Der moderne Mensch ist versessen darauf, Probleme zu lösen. Er ist darauf konditioniert. Dass es überhaupt »Probleme« gibt, ist aber keineswegs klar. Jedenfalls gibt es sie nicht wie Bäume, Garagen oder Handys. Ein Mann, der nicht einparken kann, ist zunächst nichts anderes als ein Mann, der nicht einparken kann. Seine fehlende Einparkkompetenz wird erst dann zum Problem, wenn er und andere es so interpretieren. Hinter dem altgriechischen Wort *problema* stecken zwei Bedeutungen: 1) ein Ding, das man aufnimmt, um sich (wie mit einem Schild) zu schützen, 2) eine Sache, die man einem anderen hinwirft, damit er sie aufnimmt und sich mit ihr auseinandersetzt.[30] *Problema* lässt gewisse Spielräume zu, verschiedene Möglichkeiten, Schwierigkeiten wahrzunehmen, mit ihnen umzugehen, sie zu verändern.

In der computer-logischen Kultur ist für solche Mehrdeutigkeiten kein Platz. Für die verblödete Vernunft gleicht ein Problem einem Puzzle, das in mehr oder weniger viele Einzelteile zerfallen ist. Da es nur eine einzige, mathematisch genau zu berechnende Möglichkeit gibt, die Teile (wieder) zu einem Ganzen zusammenzufügen, gibt es – so scheint es – immer eine eindeutige Lösung. Aber auch eine »Lösung« ist an sich noch keine Realität. Das entsprechende mittelhochdeutsche Verb *lôsen* wurde ursprünglich im Sinne von »loswerden, frei machen« gebraucht – fast so, wie man einen Knoten in einem Kabel loswerden kann, indem man es entwirrt. Die Rede von »der Lösung eines Problems« ist metaphorisch zu verstehen.[31] Aber diese Metapher ist so mächtig, dass sie Realitäten schafft. Die Realität lösungsorientierter Menschen, die, wenn sie wissen wollen, ob es draußen regnet, ihre Wetter-App checken, anstatt aus dem Fenster zu schauen. Die Realität von Computer-Logikern, die auf die Welt-App hoffen, während sie sich daran abarbeiten, ihr verknotetes Leben aufzudröseln – das Puzzle des Chaos zusammenzusetzen, dessen Teil sie sind.[32]

Niemand hält es auf Dauer aus, mit seinen Problemen alleingelassen zu werden. Der aufs Problemlösen konditionierte Mensch hält sich selbst schwer aus. Die direkte Konfrontation mit seinem knarzenden Gehirn ist ihm ein Gräuel. Der kritische Blick in dieses Gehirn würde zeigen, dass es außer Nullen und Einsen nicht viel enthält. Und das würde ihm Angst machen … Er braucht positives Feedback, so wie ein Säugling die Mutterbrust braucht. Der sicherste Weg zum nachhaltigen Geliked-Werden besteht darin, in eine Gruppe Gleichgesinnter einzutreten und sie nicht mehr zu verlassen. Es muss keine Facebook- oder WhatsApp-Gruppe sein. Eine analoge Blase tut's auch. Wo sich Fleischesser von Veganern, Feministinnen von Hausfrauen, Karrieristinnen von Idealistinnen, Ökonomen von Philosophen absondern, stellt sich der größte Belohnungseffekt ein. Das Gefühl, von Leuten umgeben zu sein, die genau die gleichen Knoten und Puzzleteile vorzuweisen haben, verstärkt das Heimatfeeling. Wie soll man sich in der Welt zurechtfinden? Wie kann man sich in ihr zu Hause fühlen? Indem man in der vertrauten, wohltemperierten Echokammer verbleibt, wo alle gleich sind, sich ständig miteinander vergleichen, einander immer gleicher werden. Entweder »wir« oder die anderen. Gemäß Computer-Logik ist ein Problem nicht nur etwas, das man *hat*. Ein Problem ist auch etwas, das jemand *ist*. Ein Angehöriger aus einer anderen Blase ist immer irgendwie ein Problem.

Zwar wird die Freiheit, »von seiner Vernunft in allen Stücken öffentlichen Gebrauch zu machen«,[33] von der einst Immanuel Kant schrieb, auch heute hochgeschätzt. Aber um welche Freiheit geht es? Die Freiheit zu sagen, was »Wir« meint? Der amerikanische Informatiker und Künstler Jaron Lanier vergleicht moderne Menschen mit Wölfen. Er glaubt, einen wölfischen »Einzelgänger-/Rudel-Schalter« in uns identifiziert zu haben: »Wenn du ein Einzelgänger-Wolf bist, bist du gezwungen, dich der Realität zu stellen, der es egal ist, was die Gesellschaft denkt. [...] Du musst Probleme mit Hilfe der Erfahrungen lösen, die du selber sammelst, anstatt auf die Wahrnehmung von Gruppen zu achten. [...] Wenn du dagegen im Rudel lebst, werden sozialer Status und Intrigen wichtiger als die Realität.«[34] Die auf Eindeutigkeit gepolte Computer-Logik operiert im vollautomatisierten Standardmodus »Rudel«.

Wie kann das sein? Eigentlich ist der moderne, aus dem soliden Umfeld der Tradition gerissene Mensch doch ein unvergleichliches Individuum, eine »Singularität«.[35] Dieser Mensch möchte kein skinnersches Versuchstier sein, Autonomie ist ihm sehr wichtig. Und darum weiß er kaum, wie ihm geschieht. Die Programmierung auf Nullen und Einsen, Probleme und Lösungen ist ein schleichender Prozess. Er beginnt mit dem Eintritt in die Grundschule. Man gleitet auf die Bahn des technologisch beglaubigten, vollautomatisierten Primats des Funktionierens. Man lernt: Wer Vereindeutigungsprozesse verinnerlicht, kriegt eine Eins! Je geschickter und routinierter man Probleme identifizieren, benennen, normieren kann, je schneller man die Puzzleteile zusammenfügen kann, desto besser das Zeugnis. In der Pubertät ahnt man die Tücken des Systems: Freiheit heißt »freiwillige Selbstbeschränkung«. Doch bis man erwachsen ist, hat die verblödete Vernunft voll durchgeschlagen – und die pubertären Geistesblitze sind vergessen. Volljährig kann man zwar immer noch frei wählen, welchen Beruf man ergreift, wie viel man arbeiten und wo man shoppen gehen will; ob man überhaupt arbeiten oder sich lieber versorgen lassen will. Aber was man auch wählt, es geschieht mehr oder weniger automatisch – auf Basis der Empfehlungen des eigenen »Rudels«. Die Computer-Logik drängt einen, entweder zu tun, was »Wir« tun – oder Angst zu haben, bald nicht mehr dazuzugehören. Jeder Angstanfall, vom »Rudel« abgewichen zu sein, gleicht einem winzigen Elektroschock. Entweder »Wir« – oder die totale Verlorenheit. Entweder Belohnung oder Bestrafung. So beginnt sich Selbstbestimmung nach und nach in Fremdbestimmung zu verkehren.

Die Wahrheit einer Illusion

Computer-Logik übersetzt Vieldeutigkeit in Eindeutigkeit und kennt nur zwei Zustände: Entweder – Oder. So blitzschnell, dass sie wie aus Versehen ein Gleichheitszeichen zwischen »subjektiv« und »objektiv« setzt. Wenn etwas nur »wahr« oder »falsch« sein kann, dann gilt »subjektiv wahr« gleich »objektiv wahr« – nicht wahr? Computer-Logik hält ihre subjektive Meinung für objektiv, kaum ist sie von der Feedbackschlaufe des »Wir« bestätigt. Die verblödete Vernunft ist wie ein Algorithmus darauf programmiert, nur einen einzigen Ausschnitt der Wirklichkeit zu kennen: den, der jetzt, in diesem Moment, für ihre Zwecke relevant ist. Ein computer-logisch agierender Mensch *glaubt* nicht, dass jemand die Deutsche Bahn gut finden kann. Er *weiß*, dass die Deutsche Bahn ein Problem ist. Trifft er jemanden, der die Deutsche Bahn gut findet, wird er aggressiv. Warum? Weil das die Eindeutigkeit seiner Überzeugung in Frage stellt, und das darf nicht sein: **Es ist wahr, weil ich weiß, dass es wahr ist.** Er will sein subjektives Urteil als objektiv verkaufen. Sich selbst und anderen. Und so macht er es mit der ganzen konfusen Realität. Er quetscht sie blitzschnell in sein Denksystem.

Objektive Wahrheit als Ideal der Aufklärung und Ergebnis geduldigen, Tatsachen abwägenden Selbstdenkens ist ein Wert, auf den Computer-Logik nicht programmiert ist. Er ist schlicht durch das Raster der Nullen und Einsen gefallen. Die Vereindeutigung der Welt durch Computer-Logik kaschiert, dass man sich zwar schon irgendwie erwachsen, urteilsfähig, aufgeklärt fühlt, aber tatsächlich keine Ahnung hat, wie man sich in der Welt orientieren soll. Es ist schwer, inmitten der Unübersichtlichkeit geduldig einen klaren Gedanken zu entwickeln, während schon längst wieder wer die Entweder-Oder-Taste gedrückt hat. Es ist schwer, selbstbestimmt zu handeln, wenn man permanent von allen Seiten Rückmeldung über sein Tun erhält. Es ist auch schwer, objektiv zu sein, wenn ständig alle dazwischenquasseln. Die »rudelhafte« Beeinflussung von Menschen durch Menschen,[36] die permanent wie aus der Pistole geschossen Meinungen grölen und teilen, liken und disliken, vernebelt und verwirrt das Urteilsvermögen. Daher das Beharren auf Eindeutigkeit. Daher der Reflex, vieldeutig daherkommende Überzeugungen und Informationen, Menschen und Tatsachen problematisch zu finden. ·

Die Illusion, durch Computer-Logik eine Lösung für ein Problem finden zu können, recht zu haben und zu den Guten zu gehören, fühlt sich toll an. Aber sie schafft das Chaos der Welt nicht ab. Die menschengemachte Voreinstellung der Eindeutigkeit macht mit der Vieldeutigkeit kurzen Prozess. Sie ist aber kein Ersatz für Vielfalt, so wie eine Dating-App kein Ersatz für die Begegnung zweier Menschen ist. Die Ideale von Vernunft, Wissenschaft und Objektivität, die von der Aufklärung bis in unsere Gegenwart ausstrahlen, haben auch weiterhin ihre Berechtigung. In einer Zeit, in der Menschen Algorithmen nachäffen, mehr denn je. Computer-Logik ist eindeutig, aber die Eindeutigkeit der Welt ist eine Illusion. Wir können die Welt nicht auf unsere Absichten hin formatieren. Weder besteht sie nur aus Problemen und Lösungen – noch nur aus Zufällen, Widersprüchlichkeiten, Unwägbarkeiten. In dieser Welt gibt es vieles. Alles kann der Fall sein.

Weder der Mensch noch die Technologie ist der Stein der Weisen. »(D)urch Werkzeuge, Maschinerie und begleitende Technik haben wir die Welt unseren Bedürfnissen angepasst [...]. Aber wenn alles gesagt und getan ist, ist der grundlegende Charakter der Welt nicht ernsthaft modifiziert, viel weniger beseitigt.«[37]

Der Lauf der Welt lässt sich nicht selektieren, kontrollieren, automatisieren. Er macht, was er will. Allerdings lässt er durchaus eine gewisse aktive Beteiligung zu, ja, er verlangt sie geradezu von uns. Die Aufgabe bleibt gleich: sich in der Welt orientieren lernen, sich in ihr zu Hause fühlen. Aber die Methode sollte sich ändern. Sich vom Entweder-Oder versklaven zu lassen ist unwürdig. Wie Sie, wie wir die Realität wahrnehmen, hängt entscheidend auch von den Worten und Metaphern ab, mit denen wir sie beschreiben. Eine Lösung muss nicht der Geometrie von Puzzleteilen gleichen. Man kann sie auch ganz anders verstehen. Eine Lösung könnte auch einem chemischen Gemisch mit festen, flüssigen und gasförmigen Bestandteilen ähneln.[38] Jedes Problem, das Sie in diese Lösung werfen, könnte jeden Aggregatzustand annehmen. Sie hätten keine Kontrolle darüber, welche Verbindungen es mit den anderen Bestandteilen eingehen würde, die schon in der Lösung schwimmen oder in ihr verdampft wären. Es wäre klar: Ein Problem kann nicht eindeutig gelöst werden. Es kann immer wieder auftauchen, eine neue Form annehmen. Im Labor der Welt gibt es immer die Möglichkeit, einen Katalysator zu finden, um die chemische Reaktion zu verändern.

Sehnen Sie sich auch nach einer Welt-App? Nach der Lösung aller Probleme? Es gäbe andere Optionen. Sie könnten den Chemiebaukasten aus dem Keller holen, sich die Hände schmutzig machen. Sie müssten das nicht alleine tun. Sie könnten sich mit anderen Wildentschlossenen zusammenschließen, nicht als neues Rudel, sondern als Gemeinschaft frei Denkender. Wann, wenn nicht jetzt, ist Zeit für neue Experimente, neue Spiele? Solche, die frei und menschlich machen?

2 Erfolg oder Scheitern

Erfolg zu haben ist eindeutig gut. Wenn Sie erfolgreich sind, erscheint Ihnen die Welt hell und freundlich. Jeder Ihrer Erfolge schlägt eine Schneise ins Chaos und gibt Ihnen das Gefühl, die Dinge im Griff zu haben. Wie schön! Dass Sie Erfolg wollen (und ich auch) – dass *man* Erfolg will und auch gefälligst zu wollen hat, ist aber kein Naturgesetz. Der Wille zum Erfolg erwächst erst aus der Gewohnheit des Menschen, sich selbst zum Subjekt zu erklären und den Erfolg zum Objekt. »Subjekt« ist aktiv, »Objekt« passiv – so scheint es jedenfalls. Das Subjekt macht sich Gedanken, entwirft einen Plan und strengt sich an, um das Objekt in Besitz zu nehmen. Es studiert, macht eine Ausbildung oder dreht ein paar YouTube-Videos. Je länger es dauert, bis der Erfolg sichtbar, messbar, vergleichbar wird, desto größer der Druck. Bevor das Ziel erreicht ist und das Objekt einkassiert werden kann, gilt es Ungewissheiten, Pannen und Krisen aus dem Weg zu räumen. Bis multimedialer Applaus niederprasselt, bis der oder die Beklatschte offiziell als Topmodel oder Superstar oder Chefärztin durchgeht, darf möglichst wenig Zeit vergehen. Wer zögert, nicht hart und schnell genug ist, hat schon verloren. Durch-schnitt und Mittelmaß sind nicht erlaubt. Es gibt kein Dazwischen. Jemand, der nach dem Abitur zu lange vor sich hinammelt, ist nicht wettbewerbsfit. Ein Mensch, der beruflich, sportlich, liebestechnisch, ernährungs-mäßig versagt, lebt hinterm Mond. Er kapiert nicht, was die Stunde geschlagen hat: Auch wer kein Start-up gegründet hat, sondern sich bloß höchst spirituell auf der Yogamatte verrenken kann, muss sich positionie-ren. Alles lässt sich zur Erfolgsstory machen, selbst ein achtsam zubereitetes Kichererbsencurry. Alles kann, al-les muss. Das aktive Subjekt unterwirft sich freiwillig. Dem Zeitdruck, dem Zahlendruck, dem Gewinndruck, dem permanenten Müssen. »Aus Sicht der Algorithmen hast du keinen Namen, sondern bestehst aus Zahlen«, so Jaron Lanier.[39]

Was ist Erfolg? Likes. Klicks. Geld. Status. Reputation. Fol-lower. Hauptsache instagrammable. Hauptsache, mess-bar, errechenbar, evaluierbar. Und was sich nicht mes-sen lässt (ein gutes Argument, eine schöne Idee), wird messbar gemacht, in Rankings und Ratings gepresst – die besten von irgendwas. Selbstgenügsamkeit ist out, ständiges Nach-oben-Vergleichen in. Der Druck steigt. **Wer auf Computer-Logik geeicht ist, folgt der Prämisse: entweder Erfolg – oder Scheitern.**

Computer-Logik schwört auf die Subjekt-Objekt-Bina-rität, wie sie auf Nullen und Einsen schwört. Sie redu-ziert das Spiel um den Erfolg auf einen Wettkampf. Sie verführt zu einer agonalen[40] Grundhaltung und übersteigert sie: Subjekt gegen Objekt. Ich gegen den Feind, gegen das Verrinnen der Zeit, gegen die Katastrophe. Ich oder Sie, wir oder die anderen, Leben oder Tod. »Man«, »wir alle« machen das so, besagt der Rudelmodus der Computer-Logik. **Computer-Logik ist nicht innovativ.** Sie installiert nur die neue Version eines uralten Programms in unseren Gehirnen: den Erfolgsheroismus. Längst ist dieser Erfolgsheroismus viral (→ Kapitel 8) gegangen: Wer infiziert ist, wirft sich mit Laptop, Anzug, Pumps in Heldenpose, um dem Scheitern den Krieg zu erklären. Einst waren es Eber, Drachen und einäugige Riesen, die es zu erledigen galt. Heute sind es die schlechten Zahlen, das miserable Image.

Der Selfmade-Hero

Ein eindrucksvolles Dokument des neu aufgelegten Erfolgsheroismus ist der 2018 erschienene Weltbesteller *12 Rules for Life: Ordnung und Struktur in einer chaotischen Welt* des kanadischen Psychologen und Beraters Jordan B. Peterson.[41] Peterson ist für den Diskurs der Selbsthilfeliteratur, was Donald Trump auf Twitter ist: ein Großereignis. Seine »Lebensregeln« gehen über das übliche Ratgeber-Genre weit hinaus. Von seinen Fans als »Stimme der Vernunft« gefeiert, von seinen Kritikern als Misogyniker, Islamhasser und Großhirn der amerikanischen Rechten verachtet,[42] macht der gelehrte YouTuber der Unübersichtlichkeit der Welt kurzen Prozess. Mit einem Mix aus archaischem Mythos, moderner Naturwissenschaft und politischem Storytelling kreiert er ein Universum, in dem »männliche Ordnung« »weibliches Chaos« einhegen soll.[43] Es geht um den Aufbruch hin zu einer besseren Welt. Einer Wirklichkeit, in der reaktionäre Machos und jene, die ihnen dienen, so richtig absahnen dürfen. Wie alle Selfmade-Heroes setzt Peterson dabei auf die Initiative des erfolgsgewissen Subjekts. »Ich«, das ist für ihn ein Jäger und Sammler, der gar nicht anders kann, als unaufhörlich zu »zielen«: »Wir sind erfolgreich, wenn wir ein Tor schießen oder ein Ziel treffen. Wir scheitern, oder sündigen, wenn wir daneben treffen […]«.[44]

Was Peterson auf gut 400 Seiten feiert, ist die Welt aus der Zentralperspektive der Computer-Logik. Es ist der Blick des Subjekts in den perspektivisch geordneten Raum des Weltgeschehens, der mit Null und Eins am besten dominiert werden kann. Die Welt als Bühne für den Kampf um Erfolg. Im Ratgeber wie im wirklichen Leben: Nach der petersonschen Computer-Logik ist Erfolg alles, Scheitern nichts. Sie misst den Erfolg des handelnden Subjekts an dessen selbst gesetzten Zielen – und zehrt dabei vom pfeilgerad-teleologischen Modell des Aristoteles (384–322 v.Chr.). Was Peterson verschweigt: Das moderne erfolgsheroische Subjekt kann nie wirklich frei sein. Es versklavt sich damit, an seiner Erfolgsstrategie zu tüfteln und die Nebenwirkungen in Schach zu halten: schlaflose Nächte und HWS-Beschwerden. Pleiten, die sich dem Zielerreichungsplan verweigern,[45] sind strengstens verboten. All die lästigen Unvorhersehbarkeiten des Lebens, an der die Theorie zu scheitern droht. In der griechisch-westlichen Kultur geht die Theorie stets der Praxis voraus. Bis heute lernt jedes Schulkind: Erst die Theorie, dann die Praxis. Ohne Erklärvideo kein Erfolg.

Computer-Logik macht Probleme und Lösungen zu den Basisfunktionen des großen Entweder-Oder, Erfolg und Scheitern zu ihren praktischen Ableitungen. Solange keine Welt-App für die Lösung aller Probleme gefunden ist, gilt die Theorie vom Erfolg als bestes Mittel, um sich die Welt untertan zu machen. Computer-Logik lässt nur Zahlen gelten und erhebt den zahlenmäßigen Erfolg zum Must. Also bearbeitet das von ihr infizierte Denken bloß einen kleinen Ausschnitt der Welt: jenen, der sich rechnerisch vereindeutigen lässt, und verschiebt den Rest in den Papierkorb. In die Tonne des Gleichgültigen, Wertlosen. Entweder Zahl – oder nichts. So erhält der Erfolgsheroismus ein ideologisches Upgrade.

Die Ideologie der Zahlen

Ideologien haben unterschiedlichste Erscheinungsformen.[46] Eine Ideologie kann ein systematisches Ideen- und Wertekonstrukt sein, eine »Philosophie«. Oder ein gesellschaftspolitisches Programm. Oder aber: ein gefährlich fehlerhaftes Denken, das aus eingefahrenen Vorstellungen davon resultiert, wie die Realität zu sein hat. Seit Napoleon »l'idéologie« als »diffuse Metaphysik«[47] anprangerte, steht sie für ein falsches Bewusstsein, das nicht nur die täuscht, die es besitzen, sondern auch die, denen es übergestülpt werden soll. Ideologien sind nicht deshalb verführerisch, weil sie unwahr, illusionär oder dumm wären. Sondern weil sie eindeutige Antworten versprechen.

Die aktuelle Version des Erfolgsheroismus promotet die Ideologie der Zahlen. Entweder Erfolg lässt sich exakt beziffern – oder er existiert nicht. Erfolg hat, wer viel leistet, lautete die Kurzfassung des amerikanischen Traums und des deutschen Wirtschaftswunders. Diese Kausalität ist so nicht mehr gegeben. Zu den heutigen Rockefellers gehören nicht nur Amazon-Chef Jeff Bezos (131 Milliarden Dollar) und Oligarch Gennadi Timtschenko (20 Milliarden Dollar), sondern auch Instagram-Beauty-Ikone Kylie Jenner (1 Milliarde Dollar)[48] und andere Social-Media-Stars. Zu den coolsten zählen die, die sich, gern ausgestattet mit einer Virtual-Reality-Brille, beim Gamen (→ Kapitel 5) selbst kommentieren. Als ungekrönter YouTube-King gilt immer noch Pew-DiePie (Felix Kjellberg), ein schwedischer Gamefluencer mit fragwürdiger politischer Haltung und 91 Millionen Abonnenten (Stand: März 2019).[49] Schon 2014 verdiente er laut *Süddeutscher Zeitung* 6,7 Millionen Euro. Bis 2015 war er mit 15 Millionen Dollar Jahreseinkommen der weltweit reichste YouTuber.[50] Computer-Logik befähigte ihn, Selbstzweifel und moralische Bedenken zu löschen und großflächig abzuräumen.

Je superlativischer die Erfolgszahlen, desto wirksamer die Ideologie. So wie der erfolgte Erfolg sein Zustandekommen scheinbar selbst legitimiert, so gibt es nichts, was schlechte Zahlen entschuldigt. Entweder

Erfolg oder Scheitern, propagiert die Computer-Logik. Scheitern muss entweder verhindert oder als Keimzelle für künftigen Erfolg verkauft werden. Konkurrenten sind personifizierte Probleme, die man »lösen« muss. Status und Reputation sind alles, Geld ihr sichtbares Zeichen. Jeder kann es zu Milliarden bringen, die Hauptschülerin, der Familienvater, die Single Mom, »wir« alle, signalisiert der »Rudel-Schalter« (Jaron Lanier), also muss es auch jede und jeder schaffen – wenigstens mit einer Milliarde imaginierter Klickzahlen. Ist, wer versagt hat, nicht wenigstens *potenziell* erfolgreich? War nicht bloß eine unvorhersehbar große Katastrophe schuld daran, dass man »es« nicht geschafft hat?

Als Benjamin Franklin (1706–1790) mit seiner erstmals 1791 erschienenen Autobiografie[51] inoffiziell die Ära der Erfolgsgesellschaft[52] einläutete und das Ideal der Selbstbestimmung mehr und mehr die normative Bedeutung Selbstverbesserung (»self-improvement«) annahm, gab es die Welt der Nullen und Einsen noch nicht. Der Mitunterzeichner der amerikanischen Unabhängigkeitserklärung baute seinen Erfolg auf harte Arbeit, Selbstdisziplin, Engagement – Tugenden, die heute allerdings weniger für Autonomie als für Burnout stehen. Immer noch geht es um Erfolge. Aber der Kampf um den Erfolg belohnt nur noch wenige – und bestraft viele.

Erfolgreich unfrei

Computer-Logik hält Zahlen für das Maß aller Dinge. Zahlen versprechen die totale Eindeutigkeit – und die totale Kontrolle.[53] Der Erfolgsheroismus macht nicht frei. Er lockt Sie in seinen Käfig, dessen Gitter man senkrecht hochkraxeln muss, um ein Stück Käse zu ergattern. Wenn Sie runterfallen, sind Sie gescheitert und kriegen zur Strafe einen Elektroschock. Ganz im Sinne der »verhaltenstechnologisch« durchgestylten Weltanschauung des Behavioristen B. F. Skinner. Wenn Sie wie eine Laborratte mit positiven und negativen Anreizen auf die Bahn des Erfolgs gelenkt werden, vergessen Sie blitzschnell, was Sie »eigentlich«, von innen heraus wollten. Sie unterwerfen sich dem Versuchsleiter. Skinner hatte keine Lust auf diffuse Größen wie »Autonomie«, »Seele« oder »Würde«. Er wollte das chaotische, vieldeutige menschliche Tun mittels klarer Lernmethodik in naturgesetzliche Notwendigkeit transformieren. Seine Ideen bestimmen heute nicht nur das Design von Plattformen wie Google oder Facebook,[54] sondern auch die computer-logische Perspektive auf den Erfolg. Sie tragen wesentlich dazu bei, dass es dem erfolgsfixierten Menschen schwerfällt, Subjekt und Objekt, aktiv und passiv zu unterscheiden.

Skinner, darf man annehmen, hielt nichts von Descartes (1596–1650). »Ich denke, also bin ich« ist kein Standpunkt, mit dem sich rechnen lässt. Seine Ikone war der unbekannte Experimentalpsychologe Max Friedrich Meyer (1873–1967), der das Subjekt seiner Innerlichkeit beraubte, um es als »das Andere« (»the Other-One«) zu untersuchen – wie eine Bazille unterm Mikroskop.[55] Den Menschen als einfachen Organismus, ähnlich einer Raupe oder einem Hamster, zu sehen, sein Treiben von außen, in seinen sozialen Bezügen zu studieren – diese rein naturwissenschaftliche Herangehensweise faszinierte auch Skinner. Je mehr sich über die äußeren Ursachen und Resultate menschlichen Tuns erforschen ließ, desto überflüssiger erschien die Kategorie der inneren (Willens-)Freiheit. Die meyersche »Anderisierung« des Menschen, also seine Betrachtung als Objekt, versprach die Auflösung aller subjektiv empfundenen Freiheit.[56] Was aus »Freiheit« entsprang, konnte zum »Zufall« degradiert werden; Zufall wiederum ließ sich durch das Wissen darum, wie er zustande gekommen ist, in Gesetzmäßigkeit überführen. Wer weiß, wie das System Mensch funktioniert, braucht keine Freiheit. Freiheit ist Unwissenheit, und Unwissenheit kann man ausschalten. Menschliches »Sich-so-Verhalten« kann durch eine Analyse ohne weiteres erfaßt werden und muss letztlich mit Variablen begründet werden, die außerhalb der Einzelperson liegen«, schreibt Skinner 1951.[57]

»Jenseits von Freiheit und Würde«[58] liegt die glasklare Eindeutigkeit. Wenn man darauf konditioniert ist, nicht mehr zu wollen und nur noch zu müssen, funktioniert man perfekt. Man diszipliniert und kontrolliert sich selbst. Erfolg verhält sich zu Scheitern wie Käse zu Elektroschock wie Null zu Eins. Erfolg ist die Belohnung, Scheitern die Bestrafung. Skinner schwor auf wissenschaftlich belegbare Umweltreize – das erfolgsheroische Subjekt schwört darauf, sich selbst zum Objekt zu machen. Es sieht sich als Reinkarnation Jordan Petersons oder Oprah Winfreys und gaukelt sich vor, es sei der autonome Erfolgsheld, die autonome Erfolgsheldin des eigenen Lebens. Tatsächlich degradiert es sich zur Laborratte. Es beobachtet sich, wie es von uns, den anderen, dem System, beim Hochkraxeln der Käfigwände beobachtet wird, und zählt unaufhörlich: Gewinn und Verlust, Likes und Dislikes. Der »außengeleitete« Menschentypus, den der amerikanische Soziologe David Riesman (1909 – 2002) Anfang der 1950er Jahre beschrieb,[59] dominiert auch heute. Der Unterschied ist nur: Die »Außengeleiteten« sehen sich nicht mehr nur als aktive Subjekte, die auf Wünsche und Erwartungen anderer reagieren, wie Riesman meinte. Sondern genauso auch als passive Objekte. Als Umsatzgeneratoren, Quotenbringerinnen, Glücksspielautomaten, Katastrophenverhüter, die auf Gewinn programmiert sind. Man hat verinnerlicht, kein Inneres mehr haben zu sollen.

Moralisch entkernte Erfolgsmaschinen

Wozu Freiheit? Wenn Erfolg ein Muss ist, worin besteht dann sein Wert? Kaum machen sich diese Fragen in der hintersten Kammer des menschlichen Gehirns bemerkbar, hat Computer-Logik sie schon gelöscht. Freiheit ist Chaos. Freiheit macht Angst. Ungewissheit und Vieldeutigkeit überall. Wer frei ist, ist orientierungslos. Die Null-und-Eins-Logik reduziert Freiheit auf eine bedeutungslose, nicht signifikante Größe. In der aktuellsten Version des Erfolgsheroismus ist sie deshalb rausgefallen.

Für den britischen Philosophen Bernard Williams (1929–2003) hieß Freiheit, trotz aller Hindernisse etwas tun zu können, das man tun will. Laut Williams besteht eine ihrer Hauptformen darin, »beim Streben nach einem wertgeschätzten Ziel nicht dem Willen eines anderen unterworfen zu sein«.[60] Eine Malerin, die den mehrdeutigen Wert der Kunst verteidigen will, ist unfähig, gefällig-marktgängige Eindeutigkeit zu produzieren. Wissenschaftlerinnen und Wissenschaftler, die ihr Wahrheitsstreben den Kalkulationen des Wettbewerbs unterordnen, sind nicht mehr frei. Sie müssen ihre Ansprüche auf Wahrheit und Wahrhaftigkeit dem Erfolg opfern. Sie sind gezwungen, Qualität auf Quantität umzuformatieren. Solche Geisteswissenschaftler, die sich bei der Jagd um Bestplatzierungen gegenseitig umrennen, machen sich zu moralisch entkernten Erfolgsmaschinen. Was für Laborratten Käsestückchen sind, sind für Germanisten Fördermittel und Publikationen. Bei der Vorstellung der in Aussicht gestellten Belohnung läuft ihnen das Wasser im Mund zusammen: Wer in kürzester Zeit am häufigsten in den wichtigsten peer-reviewed Fachjournalen zitiert wird und so den Segen schon arrivierter Fachkollegen erhält, darf internationale Konferenzen bespielen und seine Erfolge über den eigenen, ganz »privaten« Twitter-Account dezent in die Welt piepen. Wie es um Tiefe und Originalität der im Monatstakt ausgespuckten Textmengen steht – sekundär. Hauptsache, sie werden veröffentlicht. Hauptsache, die Begriffe, Zitate, Quellen passen in die gängigen Kategorien, erfüllen die Rechtfertigungsmatrix gesellschaftlicher Relevanz. Eindeutigkeit schlägt Zweifel. *#Wissen*, *#Wirklichkeit*, *#Wahrheit*. Nur wer durch die Algorithmen der Suchmaschinen erfasst wird, kann einen attraktiven Platz im Ranking ergattern. Nur wer am laufenden Band spektakuläre Ergebnisse liefert, wirkt »exzellent«[61]. Auch die scheinbar zweckfrei agierenden Akademiker sind längst Teil des erfolgsheroischen Systems[62]. Erfolg ist alles, alles andere ist nichts.

Gefährlich leben

Je mehr Sie sich von außen lenken und zum Objekt erklären lassen, desto schaler schmeckt die Freiheit. Wenn Sie keine Freiheit mehr wollen, weil Sie ihren Wert nicht mehr verstehen, brauchen Sie auch keine Seele, keine Innerlichkeit, keine Würde mehr. Dann sind alle Rückzugsorte erobert: Die Computer-Logik kann sich ungehindert in den Restbestand Ihres kritischen Verstandes einhacken und in den Schleudergang des Gehirnwaschprogramms schalten. So lange, bis Sie so weit sind, den Erfolgsheroismus als alternativlos zu kaufen. **Computer-Logik lässt das Scheitern so wenig zu wie die Freiheit.** Freiheit ist gefährlich. Freiheit könnte ja Mut zum Scheitern machen. Ein freier Mensch könnte etwas wollen, das nicht vorgegeben ist und nicht von der Feedbackschleife eines »Rudels« bestätigt wird. Eine vollkommen unvollkommene, suboptimale Welt, in der man mit einem mittleren Gehalt, mittelmäßigen Schulnoten, einem mitteltollen Aussehen und einflusslosen Kontakten glücklich sein darf, weil man unter »Erfolg« ein gutes, gelungenes Leben (→ Kapitel 7) versteht, dessen Wert von Zahlen nicht erfasst werden kann. Ein Leben, in dem man sich zu Hause fühlt, Zeit haben darf für Familie und Freunde, Yoga machen, Pizza backen, ein Hausschwein anschaffen oder auf einem Bein im Kreis hüpfen darf, ohne zu berechnen, was es einem bringt. Ein Leben, in dem ökonomische Werte von ethischen, ökologischen, ästhetischen, religiösen Werten aufgemischt werden, in dem Erfolg und Scheitern gleichberechtigt nebeneinanderstehen, weil sich aus beidem Sinn schöpfen lässt. Kurz: eben jenes echte menschliche Leben, das mittels Computer-Logik als viel zu vieldeutig, zu komplex, zu reichhaltig, krisenschwanger und inhaltsschwer in den Papierkorb verschoben wurde.

Wer heute erlaubt, dass sein Hirn von Nullen und Einsen besetzt wird, der glaubt morgen auch, dass zwei mal zwei fünf ist. »Freiheit ist die Freiheit, sagen zu dürfen, dass zwei plus zwei gleich vier ist. Ist das gestattet, folgt auch alles Übrige«, heißt es in George Orwells Roman *1984*.[63] Nur wenn Sie es wagen, der objektiven Wahrheit (→ Kapitel 3) treu zu bleiben, sie auszusprechen und mit anderen zu teilen, können Sie verstehen, dass die Frage »Wie habe ich (blitzschnell) Erfolg?« niemals eine gute, wichtige, richtige Frage ist. Anders als: **Was ist ein gutes Leben?**

Wer zu viele Fragen stellt, statt sich mit den verfügbaren Erklärvideos zufriedenzugeben, lebt riskant. Man

verliert die Zeit, die andere nutzen, um als Erste abzuräumen. Man versäumt es, die Entweder-Oder-Taste zu
drücken. Und dann? Dann steht der »Erfolg«, herausgerissen aus dem binären System, plötzlich als isolierte
Größe da. Und es stellt sich heraus: Er repräsentiert
nicht die Wahrheit, sondern die Lüge. Denn der Gewinn,
den das vom Erfolgsheroismus infizierte, zum Objekt
mutierte Subjekt einzuheimsen meint, zerrinnt ihm
zwischen den Fingern. Klicks, Likes, Status, Reputation
begründen keine reiche, sondern eine arme Existenz.
Die Illusion eines guten Lebens. Die vermeintlichen Er-
folgshelden rennen und rennen, aber die Entwickler
der Nullen-und-Einsen-Welt sind längst zehn Schritte
weiter: die technologisch Versierten, die Behavioristen,
Spieleentwickler, Plattformökonomen, die ihr System
an die Stelle der kritischen Urteilskraft gesetzt haben,
deren Tools einen darauf konditionieren, Selbstdenken
in Computer-Logik zu konvertieren. Ihnen gehört der
Erfolg – dem entweder-oder-hörigen Subjekt, das Scheitern und Katastrophen partout zu verhindern sucht,
bleibt nur die verlorene Freiheit. Die streng untersagte,
da ineffiziente Sehnsucht nach so etwas wie Innehalten,
Reflektieren, Nachspüren … Wozu? Wohin? In den Worten des LinkedIn-Gründers Reid Hoffman: »Es gibt kein
wahres ›Selbst‹ irgendwo in dir drinnen, das du durch
Selbstbeobachtung entdecken könntest und das dir die
Richtung weisen könnte.«[64]

Vom Standpunkt des guten Lebens aus ist diese Behauptung so falsch wie die Gleichung »Vier plus vier ist
fünf«. Die Freiheit, ihr öffentlich widersprechen zu kön-

nen, ist mehr wert, als die Jagd nach Erfolg es je sein könnte. Freiheit ist gefährlich. Freiheit ist Aufbegehren gegen Passivität, Ende der Kontrolle und Anfang der Ungewissheit. Ein freier Mensch denkt bei »Suche« nicht »Google«, sondern »Experiment« oder »Unterwegssein«. Er weiß, dass der Erfolgsheroismus Bullshit[65] ist. Er sieht es mit seinem Herzen (→ Epilog).

Wer sich ernsthaft von Petersons Rhetorik der Zielgenauigkeit, der Sünde und des Scheiterns, der »männlichen Ordnung« leiten lässt, akzeptiert sie als realen Beweis für die Berechtigung dieser Ordnung – und schafft so Tatsachen und Erfahrungen mit realen Folgen.[66] Man hält die ökonomischen Werte hoch und steckt die restlichen – ethischen, ökologischen, ästhetischen, religiösen – in die weiche, »weibliche« (→ Kapitel 4), wettbewerbsuntaugliche Schublade. Man verzichtet darauf, selbst zu denken. Muss das sein? Das Alleinstellungsmerkmal des Menschen ist seine Menschlichkeit. Das heißt auch: seine Freiheit, seine Kreativität. Er kann ungeahnte subversive Kräfte entfalten – mit der Technologie, nicht gegen sie. Er kann jederzeit das Laborrattenkostüm abstreifen und die Reset-Taste drücken. Er muss sich nur trauen.

Was wir eigentlich, wirklich wollen könnten, liegt quer zum monetären Erfolg. Ein gutes Leben für uns und andere, in dem wir uns aufgrund altbekannter, nicht quantifizierbarer Werte zu Hause fühlen. Werte wie Wahrhaftigkeit, Sinn, Vertrauen, Liebe, Solidarität – und Freiheit. Könnte man anstelle des großen Entweder-Oder ein noch größeres Sowohl-als-Auch setzen?

> »Der Umstand, dass etwas
> unscharf und ungenau ist, bedeutet
> nicht, dass es nicht real ist.«
>
> JARON LANIER

3 Echt oder Fake

Nie hat der Mensch so sehr an der Realität gezweifelt wie heute. Nie war er derart besessen von ihr. Von welcher? Im dritten Jahr der US-Präsidentschaft eines Ex-Reality-TV-Stars scheint die Anzahl der Realitäten ins Unermessliche gestiegen. »Problem!«, meldet die verblödete Vernunft – und meint dabei nicht die schiere Quantität wahrgenommener Wirklichkeiten. Sondern dass zu viele unterschiedliche Versionen von Realität die Eindeutigkeit kaputt machen. Weil sie kreuz und quer zueinander liegen, sich wie Ringkämpfer umeinanderwinden. Wie soll man sich da noch auskennen? Die Lösung, die die Null-und-Eins-Logik anzubieten hat, besteht hier darin, einfach immer mehr Wirklichkeiten zu generieren; Realitäten, von denen jede eindeutiger sein möchte als die andere. Jede hat ihre Pressesprecher, Bloggerinnen, Twitterer, weil sie *die* Realität sein will. Jede besteht aus Fakten, und zu jedem Fakt gibt es mindestens eine Alternative[67].

Fakt 1: Barack Obama wurde 2008 zum amerikanischen Präsidenten gewählt. *Fakt 2:* Obama hat den Islamischen Staat gegründet[68] und ist ein kenianischer

Hochstapler namens Barry Soweto.[69] *Fakt 3:* Obama besitzt eine Geburtsurkunde, die ihn als US-Bürger ausweist, deren Echtheit Hillary Clinton aber bestreitet.[70] Die Welt ist ein Quiz: Wer hat was wann gesagt? Was ist real, was stimmt »wirklich«? Wer die Wahl hat, muss sich entscheiden.

In der global vernetzten Welt, wo sekündlich Wahlen, Konferenzen, Kriege live übertragen, kommentiert und geteilt werden, wo Videos der schönsten Hochzeiten, ergreifendsten Geburten und grausamsten Morde immer nur einen Klick weit entfernt sind, ist es schwer zu sagen, welche Realität die wahre ist. Viel leichter fällt es zu beurteilen, welche sich echt anfühlt. Über das »Echt«-Feeling entscheidet das Wir-Rudel, die Gruppe, die Blase, in der man sich aufhält. Wenn sich Barack Obama echt anfühlt, muss Donald Trump gefakt sein. Wenn der Klimawandel ein Fake ist und sich trotzdem echt anfühlt, sind die Chinesen schuld.[71] Entweder – Oder. Da ist sie wieder, die starre Binarität. Null oder Eins, Problem oder Lösung, Erfolg oder Scheitern, echt oder Fake. Alles klar? **Computer-Logik gaukelt die reine Vernunft vor. Dabei trieft sie vor Irrationalität.**

Digitalexperte Sascha Lobo will helfen. »Unsere Welt war zu oft eine kollektive Illusion«, sagte er 2019 auf der Digitalkonferenz *re:publica*. Lobo hoffte auf die Macht eines »Realitätsschocks«,[72] der die Menschheit zur Lösung aller Probleme motivieren könnte, vom Brexit über den Populismus, die Globalisierung und Digitalisierung bis zum Insektensterben. Der Blogger kennt die Debatten über Filterblasen, Echokammern und postfaktische

Politik aus dem Effeff, er ist eine wichtige Stimme im Netz – eine von Millionen. Wie Millionen andere will er das Durcheinander der vielen Wirklichkeiten durchdringen und sie den Millionen anderen, die irgendwie gar nichts mehr verstehen, erklären; weil er zu wissen glaubt, was real und echt ist und was nicht. Zu Recht? – Als Lobo ein Kind war, lange bevor Donald Trump ins Weiße Haus einzog, regierte dort der ehemalige Schauspieler Ronald Reagan. »Sie glaubten es, weil Sie es glauben wollten«, sagte Reagan einmal in einem Gespräch. »Das ist nichts Schlimmes. So geht es mir die ganze Zeit.«[73] Heute wirken seine Worte wie eine indirekte Entgegnung auf Lobo. Sie tönen brandaktuell und mächtig. Mächtiger als die Worte eines Digitalexperten?

Meister der authentischen Selbstinszenierung

Der größte Realitätsschock ist die Erkenntnis, dass das, was man gedacht, gesagt, gelebt hat, ein Fake war – weil man nie richtig existiert hat. Weil man (über sich) hat entscheiden lassen. Der zweitgrößte Schock könnte in der Einsicht bestehen, dass das »reine Echte«, die sogenannte Authentizität (von griech. *authentikos* für »echt«), kaum noch zu kriegen ist. Rechtlich[74] und historisch gesehen, war ein authentisches kulturelles Erzeugnis einst einerseits ein originalgetreues Werk von nachvollziehbarer Herkunft– also kein Fake, kein Plagiat, keine Kopie, keine Unwahrheit. Als authentisch galt andererseits ein originelles Werk.[75] Die erste Definition bezog sich auf andere Originale (wie bei der authentischen Abschrift eines Manuskripts), die zweite auf ein Werk in seiner Einzigartigkeit. In Zeiten von Fake Accounts und Fake People[76] wird die Authentizität von Quellen, Informationen, Werken und Menschen gleichermaßen hochgeschätzt. Allerdings hat die Reichweite des Wortes »authentisch« ordentlich zugelegt. Es erfasst nun nicht mehr nur das Originalgetreue und Originelle, sondern auch die erfolgreiche – markt- und markentaugliche – Inszenierung des Echten. »Authentisches« zu liefern versprechen alle, von Enthüllungsplattformen wie WikiLeaks über verschwörungstheoretische TV-Sender bis hin zu den Geschichtenerzählern großer Nachrichtenmagazine[77].

Sascha Lobo, der »unsere Welt« eine »kollektive Illusion« nennt, bezeichnet auch die Authentizität als »Illusion«.[78] Ist also alles Fake? Oder gibt es das wirklich Authentische doch noch irgendwo? Für die Computer-Logik auf jeden Fall. Sie ist schließlich ein primitives, auf Eindeutigkeit gepoltes Programm, unfähig, die Mehrdeutigkeiten zu erkennen, die heute dem Authentischen innewohnen. Computer-Logik will keine Mehrdeutigkeiten. Sie will das von Fakes unkontaminierte, reine Echte – sie behauptet, sie könne dieses Echte produzieren und darüber verfügen, ohne es erst einer umständlichen objektiven Prüfung unterziehen zu müssen.

Der größte Kontrast zum Echt-oder-Fake-Spiel ist das Authentizitätsspiel Andy Warhols (1928–1987). Als Erfinder der Pop-Art und des Personal Branding war Warhol auch Begründer einer neuen Disziplin: der authentischen Selbstinszenierung. Für den gelernten Werbegrafiker war Authentizität (in beiden Bedeutungen) ein Spaß, mit dem, wer clever ist, viel Geld verdienen kann. Wer war er wirklich? Seine eigene Performance.[79] Als Influencer, dessen Riecher sich an der Auswahl an Produkten und Leuten zeigte, mit denen er sich umgab. Als disziplinierter Chronist und Dokumentarist seines Lebens. Was er nicht unmittelbar zu künstlerischen oder Marketingzwecken verwerten konnte, »speicherte« er: Seit Anfang der 1970er Jahre versenkte er Magazine, Suppendosenetiketten, Krawatten, Geschenke, Kinderbücher, Platten, Filme, Plakate, Rechnungen in unzähligen Kartons – seinen »Zeitkapseln«, einer Cloud avant la lettre. Die ironische Vermischung von authentischer Lässigkeit und inszenierter Pose war Warhols Markenzeichen. Davon zeugen seine lange vor Instagram entstandenen Celebrity-Porträts. 1985 schuf Warhol Siebdrucke eines originalen, poppig neu interpretierten Plakats, das Jungschauspieler Ronald Reagan als Werbeträger für eine Hemdenmarke zeigt.[80] 1964 drehte Reagan seinen letzten Hollywoodfilm, 1981 trat er seine Präsidentschaft an. Warhol war besessen von Celebritys, so wie wir heute besessen von der Realität sind. Lebte er heute, wäre er wohl besessen von Donald Trump.

Hinter @realDonaldTrump[81] steckt der amtierende amerikanische Präsident: ein echter Mensch, der für das Echte steht? Trump ist wie Warhol Meister authentischer Selbstinszenierung – aber anders als Warhol ist er kein Künstler, sondern ein Computer-Logiker. Auch für Trump gilt: ein Mann – eine Marke. Allerdings ist

Trump der (noch) amtierende amerikanische Präsident (Stand: August 2020). Als solcher glaubt er, das alleinige Copyright auf das Echte zu besitzen – und es einwandfrei vom Fake trennen zu können. Wie sein Vorgänger Reagan glaubt Trump, was er glauben will. Seine Meinungen zur Wissenschaft, zum Klima, zu den Chinesen und seiner eigenen Person sind »Kult«. Jeder Tweet ein Dekret, jeder eine Setzung: »Es friert und schneit in New York. Wir brauchen die globale Erwärmung!«[82] Die Konditionierung funktioniert perfekt: Echt!, wittern sogleich die Fans, Fake!, die Gegner. Die eindrucksvollsten trumpschen Setzungen zaubern nicht bloß neue (alternative) Fakten. Sie kreieren eine imaginierte Wirklichkeit, die den Bereich der Politik um ein Vielfaches überragt, weil sie alles umfassen will. Aus den Worten ihres mächtigen Erzeugers entstehen – je nach Umstand beliebig veränderbare – *totale Realitäten*. Es sind Setzungen einer populistischen[83] Totalität, die sich über den Bereich des bloß Sprachlichen hinausbewegen. Als Sprech-*Akte*[84] schaffen sie etwas: die Atmosphäre von etwas »echt« und »total« Großem, die perfekt die Träume und den Glauben einer speziellen Zielgruppe spiegelt. *»Make America Great Again!«* Wer einmal daran glaubt, hört damit nicht einfach wieder auf. Und glaubt auch dann, wenn dokumentarisch beglaubigte Fakten etwas anderes sagen.[85]

Im Verbund mit den sozialen Medien hat Trump die Macht der Computer-Logik potenziert. Trump war digitale Avantgarde – der erste Amtsträger, der lustvoll-enthemmt aus der privaten Ich-Perspektive twitterte und den Bloggingdienst so zum Sprachrohr seiner »realness« machte. Inzwischen haben die anderen nachgezogen: Politiker, Wissenschaftler, Journalistinnen, Schriftstellerinnen, Dieselgegner. Jeder zitiert, teilt und retweetet, jeder sucht im Gebalge um die echtesten und wahrsten Fakten die größte Aufregung zu provozieren. Die wenigsten halten auch mal die Klappe[86], um in Ruhe darüber nachzudenken, worum es eigentlich geht – gehen sollte. Die erfolgreichsten Zwitscherer tun so, als dokumentiere die Schleimspur zustimmender Kommentare ihre Schöpfungsmacht. Dieser rückt man in den sozialen Medien schon mal mit der Genschere zu Leibe. Man fügt je nach Zielsetzung Fakten ein oder beschneidet sie. Die Remixe des Echten stehen sich feindlich gegenüber: die Trump-Realität gegen die Sascha-Lobo- oder Greta-Thunberg-Realität, die Links- gegen die Rechts-Realität, die Realität der Veganerinnen gegen die der BMW-Fans. Die Follower, die User können die gewünschte Realität selbst kopieren, plagiieren und authentisch neu interpretieren oder aber auch einfach nur dumpf konsumieren. Am Buffet der Realitäten kommt jeder auf seine Kosten. Auch Sie. Sie müssen sich nur entscheiden: Entweder es schmeckt Ihnen – oder es schmeckt Ihnen nicht. Sobald Sie eine passende Realität ausgewählt haben, wird diese für Sie zum Echten. Echt ist, was sich gut und wahr anfühlt; das, was »Wir« richtig finden, woran man sich wärmen kann[87] – der Fake dagegen eine Unwahrheit, gegen die man mit Hass und Wut aufbegehren muss. Computer-Logik kramt nicht umständlich nach Beweisen und Argumenten. Sie zwingt Sie blitzschnell auf eine Seite: entweder meine Wahrheit – oder Ihre. »Wahr« ist, was sich so anfühlt. Und »echt« hat recht. Oder?

Die Atmosphäre des Echten

Computer-Logik ist ansteckend. Immer mehr Leute tröten ihre Entweder-Oder-Thesen heraus. Kaum versucht man, das Gesagte oder Gepostete zu verstehen, kaum hat sich ein Hauch von Ahnung in einem geformt, wird man auch schon wieder unterbrochen. Denn die Smartphones arbeiten im Akkord, produzieren Aktion und Reaktion am laufenden Band. Breaking News strukturieren den Alltag, auch wenn Sie nicht am Newsdesk einer Zeitungsredaktion sitzen. Schon wieder hat irgendwer irgendwas gesagt! Die Unterbrechung kommt ganz automatisch. Was sagt Markus Söder, was sagen Spiegel Online und Anne Will? Echt oder Fake, wahr oder falsch? Wer mithalten will, muss denken, wie @realDonaldTrump twittert. Hart, schnell, emotional. Für die geduldige, kritisch hinterfragende Auseinandersetzung mit Fakten hat man längst eine virtuelle Gedenkstätte eingerichtet. Man darf den Verlust des Selbstdenkens betrauern, aber bitte nicht allzu lange. Entweder man denkt wie ein Computer – oder man verliert den Anschluss. Je wirksamer man darauf konditioniert ist, die Widersprüchlichkeit der Welt zu negieren und Vieldeutigkeit in Eindeutigkeit zu verwandeln, desto komplexer, undurchsichtiger, bedrohlicher erscheint sie uns. »Realitätsschock«? Gibt es noch ein Außerhalb der Situation, in der wir wie Locked-in-Patienten gefangen sind? Das Netz, das wir in Hand- und Hosentasche immer mit uns tragen, hat uns mit seinen Milliarden unsichtbaren Fäden eingesponnen.

Fakt 4: Es existiert kein archimedischer Punkt, von dem aus wir auf die Welt blicken könnten, um das Wirrwarr zu ordnen. Was zeigt sich denn dann überhaupt noch? – »Es zeigt sich nichts als die absolute Gegenwart«, sagt die ungarische Philosophin Ágnes Heller (1929–2019).[88] Wir sehen nichts mehr, weil wir die Wahl haben zwischen zu vielen Perspektiven, Meinungen, Handlungsoptionen. Die Welt wird von unendlich vielen Informationen erleuchtet. Zahlen, Daten, Fakten, die man nur schwer wieder löschen kann, die wie Fliegendreck auf dieser Welt kleben – und das kurzzeitig erleuchtete Universum sogleich wieder verdunkeln. Je mehr Fliegendreck, je dunkler und undurchsichtiger die Welt, desto größer die Versuchung, ihre Erscheinungsformen zu bearbeiten. Automatisierte Realitäten aus Nullen und Einsen herzustellen, in denen alles läuft wie am Schnürchen, wo Likes und Dislikes für eine klare Struktur sorgen.

Computer-Logik generiert eindeutige Realitäten wie Andy Warhol Suppendosen: massenhaft. Auf Warhols Suppendosen klebte das Etikett *Campbell's Condensed Tomato Soup*, auf den hektisch produzierten Realitäten steht entweder »Echt« oder »Fake«. Aber: Wer eine »Echt«-Packung öffnet, findet in ihr nie die reine Faktizität – und erst recht nicht die Wahrheit. Man findet

Symbole, Storys, Slogans, Setzungen, die alle Unklarheit erklären, indem sie die jeweils passende Stimmung erzeugen: *Wir schaffen das! America first! Geiz ist geil!* Die Pop-Art-Suppendosen sind Kreationen eines ironischen Künstlers, der Ambivalenzen liebte. Die computer-logischen Packungen machen alle Mehrdeutigkeit vergessen. Die Vereindeutiger der Stunde – Autokraten, Marketingprofis, »Digital-Philosophen« (wie Luca Morisi, der strategische Kommunikationsberater des ehemaligen italienischen Innenministers Matteo Salvini)[89] – sie alle wissen, was »echt« gut rüberkommt. Sie erzählen nicht nur die emotionalsten Geschichten, sie versprühen auch die machtvollsten Atmosphären. »Wirklichkeiten, die sich als Realität geben«,[90] bewirken »eine Neuorientierung der Aufmerksamkeit: weg von der Beurteilung der Dinge, die man wahrnimmt, hin zu dem, was man empfindet«,[91] so der Philosoph Gernot Böhme (*1937). Was über die Authentizität einer Atmosphäre entscheidet, ist dann nicht die logische Prüfung, sondern das ästhetische Geschmacksurteil. Echt ist, was sich gut anfühlt, schön aussieht und lecker schmeckt. Eine echte Belohnung.

Verschwörung gegen die Wirklichkeit

Computer-Logik stellt sich eine personalisierte Realität ganz nach ihrem Geschmack zusammen. Sobald sie eine »Atmosphäre der Echtheit« identifiziert hat, taggt sie deren Inhalt mit »wahr«. Die verblödete Vernunft setzt zwischen subjektiver Empfindung und objektiver Erkenntnis ein Gleichheitszeichen. Komplizierte Beschreibungen der Realität kann sie nicht aushalten. Wo ihr die Wirklichkeit zu undurchsichtig erscheint, zaubert sie eiskalt eine neue aus dem Hut. An die Stelle objektiver Wahrheit setzt sie entweder »meine/unsere« oder »deine/eure« Wahrheit – zwei konträre Narrative, zwei einander ausschließende Identifikations- und Abwehrmöglichkeiten. **Computer-Logik steht auf falsche Dilemmata** (→ Kapitel 0). In Talkshows und Social-Media-Debatten kann sie so richtig zeigen, was sie draufhat.

Die Talkshow ist die perfekte Bühne binärer Logik. Es gibt kaum Überraschungen. Der Talkshow-Algorithmus legt den Ablauf fest: a) Auswahl eines Problems, das durch hochemotionale Kommentare und/oder Shitstorms in den Rankings nach Kriterien wie Aktualität, Beliebtheit und Relevanz bereits ganz nach oben gerutscht ist. b) Auswahl von circa fünf, meist männlichen (→ Kapitel 4) Experten aus Politik, Wissenschaft, Journalismus, von denen sich mindestens drei nicht ausstehen können. c) Liveübertragung des – kühl grinsend moderierten – »heißen Schlagabtauschs«: ein Ereignis, das sich in Echtzeit-Kommentaren auf Twitter und Facebook hundertfach fortsetzt. Die Moderatorin erklärt und beseitigt Probleme, indem sie alle sich gegenseitig überdröhnen lässt; sie findet Lösungen, die scheinbar die Meinungsvielfalt, tatsächlich aber den Relativismus groß rauskommen lassen. Einen Relativismus, der die Möglichkeit einer objektiven Wahrheit *a priori* ausschließt.[92] Die Moderatorin lässt alle Meinungen, alle

Überzeugungen, alle Setzungen als gleich wichtig und richtig stehen. Keiner hat die Deutungshoheit, jeder darf sich in seiner Logik, seiner eigenen Sicht, dem eigenen ästhetisch-atmosphärischen Gefühl permanent bestätigt fühlen. Gewinner des Abends ist die Computer-Logik, die aus den Mündern der Teilnehmer herausquillt wie ein ununterbrochener Strom kleiner blauer Vögel: Meine Wahrheit ist echt – was Sie anzubieten haben, ist nur mieser Fake. Meine Realität schmeckt besser und ist viel erfolgreicher als Ihre. Sagt wer? Alle! Die Kommentare, der Applaus meines Wir-Rudels.

Wo Computer-Logik objektive Tatsachen der Lüge, der Ungerechtigkeit, der Unwahrheit bezichtigt, weil sie nicht ins Null-und-Eins-Schema des jeweiligen Träger-Gehirns passen, zeigt sie ihre Irrationalität auf übelste Weise. Das System der Computer-Logik, das unsere Gehirne sanft und grausam wie Kaufhausmusik infiltriert, ist voller Programmierfehler. Einerseits sagt die Null-und-Eins-Logik: Echt existiert! Echt ist das Gegenteil von Fake! Andererseits lässt sie Echt als persönliche Geschmacksache durchgehen – hält es also für *konstruiert*[93]. Jeder darf somit glauben, was er will. Jeder kann auf die Fakten bestehen, die ihm in den Kram passen. Wenn es für jedes Fakt mindestens ein alternatives Fakt gibt – weil eine objektive Wirklichkeit als gemeinsamer Bezugspunkt und Maßstab der Beurteilung ausgeschlossen wird –, dann ist irgendwie alles »relativ wahr«. Was sich für Sie echt wahr anfühlt, kann nach meinem Empfinden ein Fake sein. »Wenn alles, was du sagen kannst, ist: ›Ich bevorzuge dies‹«, schreibt der amerikanische

Philosoph Paul Boghossian (*1957), »dann hat der andere die Freiheit zu sagen: ›Ich bevorzuge aber das, und ich bin in der mächtigeren Position, also muss ich leider darauf bestehen.‹«[94]

Wenn Sie, ich, Ihr Wir und mein Wir alle unsere eigene Wahrheit haben und jeder, jede das Entweder-Oder, das ihm, ihr, ihnen oder Ihnen gerade in den Realitätskram passt, können wir »Wahrheit« und »Wirklichkeit« in die Tonne treten. Und damit jede Basis von Einigung und Verständigung.

Die Gamification von Planet Erde

Wo Computer-Logik als kognitive Standardsoftware akzeptiert ist, verschwindet die gemeinsame Wirklichkeit aus dem Fokus. Es schiebt sich ein merkwürdiger Reigen multipler Realitäten in den Vordergrund, der fast einer künstlerischen Performance gleicht. Aber dieser Tanz hat nichts mit Pop-Art zu tun. Er fühlt sich eher an wie ein groß angelegtes Augmented-Reality-Spiel. Ob auf Twitter, in Talkshows, am Stammtisch – oder in der Eltern-Kind-Gruppe. Kaum reißt wieder irgendwer das Mikro an sich und versucht, den anderen seine eigenen Fakten emotional und atmosphärisch effektvoll überzustülpen, fällt der Startschuss. Team Null und Team Eins stürzen sich auf ihre Spielkonsole: »Kinderimpfungen sind wichtig!« liegt gleichauf mit »Kinderimpfungen sind schädlich!«. Jede Setzung von Team Null ist ein Affront gegen Team Eins und eine Aufforderung an die *Shooter*, den Gegner zu killen. Entweder Null oder Eins – nur ein Team kann siegen. Für jedes erreichte Level gibt es Bonuspunkte: Bewertungen, Kommentare, Ranglisten, die den sozialen Druck unter den Teilnehmern steigern und die Wut auf die Gegenspieler bis zum Hass anstacheln. Im kalkulatorischen Game Mode muss man schnell reagieren, strategisch denken und agonal handeln: Der Krieg ist der Vater aller Spiele. Bloß keine »Lebenspunkte«[95] einbüßen, nicht Ruf, Image, Anerkennung und Erfolg verzocken. Den höchsten Gewinn streichen die ein, die am lautesten hassen; den größten Spaß haben die, die am meisten Wut und Angst verbreiten. Ihre Fakten sind es, die sich durchsetzen.

Vielleicht ist das binäre Ringen um echt oder Fake eine Art Spiel der Spiele – ein Metaspiel, das sich sowohl von den Regeln traditioneller Spiele wie auch von Andy Warhol emanzipiert hat. In ihm verspricht jeder Sieg die köstlichste aller Belohnungen: endlich sagen zu dürfen, was man glaubt; endlich gehört, geliked, gemocht zu werden, Friends und Follower zu haben. Nur kurz durchzuckt den Metaspieler Panik: Was, wenn die, die mich loben und anfeuern, »in Wahrheit« Parasiten, Profiteure, Heuchlerinnen, Schleimerinnen sind? Egal. Die schiere Quantität an Zuspruch macht die Frage nach der Qualität rasch wieder vergessen. Schnell hat man sich an den Spaß gewöhnt. So sehr, dass es völlig rational erscheint, so zu handeln. Rational allerdings nicht im Sinne eines reflektierten Gedankens, sondern als eindeutige, widerspruchsfreie Präferenz für eine bestimmte Handlungsoption, die subjektiv den meisten Nutzen verspricht.[96]

Was die wahnhafte gedankliche Einengung auf eine solche Option natürlich nicht ausschließt – man denke an die Präferenzen Suchtkranker:[97] Die Metaspieler kleben an ihrer Rechthaberei wie Zocker am Pokertisch. Wie Cracksüchtige an ihrer Pfeife, so hängen die Metaspieler an ihren »Wir«-Gruppen. Dort, meinen sie, sei der einzige Ort, an dem sie sagen können, dürfen, sollen, was sie glauben, damit sich – wenigstens kurzzeitig – die Atmosphäre des »Echten« einstellt.

»Gut ist, was etwas bringt, und mir am allermeisten«, flüstert sich der Metaspiel-Abhängige selbst zu. »Je einfacher etwas geht, desto öfter tue ich es, weil es lustvoll ist und lecker schmeckt. Mit jedem Klick erreiche ich einen neuen Level. Kein Widerspruch, nirgends. Die reine Eindeutigkeit. Wenn ich einmal geklickt habe, klicke ich bald ein zweites Mal. Ich darf nur nicht zu lange warten, ich muss liefern. Immer neue Sprechblasen. Entscheidend sind nicht objektive Tatsachen, sondern, dass ich meinen Kick kriege. Wenn ich nicht schnell genug bin, fliege ich raus. Denn dann bin ich ein Spielverderber. Nicht mehr markttauglich. Nicht anschlussfähig. Ein Höhlenmensch ohne soziales Kapital. Gescheitert. Ultimativ bestraft.«

Raum und Zeit

Das große Entweder-Oder ist ein Autokrat. Er drückt uns seine automatisierten Gesetze auf und gaukelt uns vor, wir könnten darauf bauen. Aber das Echte, das er

scheinbar zum Nulltarif verkauft, ist nie richtig greifbar. Es ist eine konstruierte Realität, deren Reiz schnell
verblasst. Während uns der Entweder-Oder-Despot am
Stammtisch seiner Realität umklammert, verlieren wir
unsere Freiheit – wir verlieren Raum und Zeit. Einge-
wickelt in Computer-Logik, fehlt ein Rückzugsraum,
eine Garage, um unser knarzendes Gehirn in Ruhe zu
ölen und neu zu kalibrieren. Der ständige Zwang, sich
auf Eindeutigkeit festzulegen, tötet jede geduldige Über-
legung. Er macht abhängig. Abhängigkeit frisst Leben.
Lebenszeit, die unwiederbringlich flöten geht, während
gleichgeschaltete Hirne sekundenschnell Nutzen optimieren, werten, kontrollieren.

Fakt 5: Es ist nicht wahr, dass es keine objektive Wahrheit gibt. Vielleicht gibt es kein Wahrheitsfundament
im Sinne eines archimedischen Punkts. Dafür ist es
möglich, als »objektiv wahr« das zu definieren, was eine
Gemeinschaft pragmatischer Wahrheitsforscherinnen
und -forscher nach unzähligen Experimenten – als Prüf-
steine der Wahrheit – in Zukunft ermittelt haben wird.
Wobei uns ein Ausschnitt von Wahrheit und Wirklichkeit, Raum und Zeit immer jetzt schon zugänglich ist.
So, wie Ihnen die Realität eines Kühlschranks zugänglich
wird, wenn Sie einen Blick auf sein Inneres werfen und
binnen einer Sekunde feststellen, dass er Bier enthält.

Was *die* Realität ist, lässt sich nicht endgültig beant-
worten – es gibt eine Vielzahl menschlicher Erkenntnis-
arten, so wie es eine Vielzahl menschlicher Fähigkeiten
und Interessen gibt. Wer eine Theorie vom Realen und

Echten hat, kann sie jederzeit twittern – sie aber auch als Instrument nutzen, um mehr über die Wirklichkeit herauszufinden. Warum muss immer irgendwer jetzt sofort und auf der Stelle recht haben? Hören wir auf, eindeutige Realitäten aus dem Boden zu stampfen. Es gibt ein Außerhalb. Das ist die objektive Wahrheit. Warum sich mit der Metaspiel-Ebene begnügen – warum die Wirklichkeit nicht ganz neu entdecken? Sind binäre Gewissheiten nicht furchtbar – dumpf?

4 Mann oder Frau

Die Welt ist voller Knöpfe, die nur darauf warten, gedrückt zu werden. Irgendwo haut immer irgendwer auf
den Entscheidungsbutton. Alles beginnt zur Stunde null,
im Kreißsaal. Entweder: »Es ist ein Mädchen!«, oder: »Es
ist ein Junge!«, lautet die erste aller Entscheidungen. Das
Besondere an diesem elementaren Sprechakt ist sein
doppelter Boden. Er ist Tatsachenfeststellung und Setzung zugleich. Die Worte des medizinischen Fachperso-
nals, die an die Ohren der frischgebackenen Eltern drin-
gen, konstatieren ja nicht nur das »echte« Geschlecht
des Babys – sie setzen auch den weiteren biografischen
Verlauf als gegeben voraus: Wenn ein Junge, dann bald
ein Mann. Wenn ein Mädchen, dann demnächst eine
Frau. »Entweder hellblau oder rosarot« zieht eine endlose Kette weiterer Entscheidungen mit sich, die erst
von den Erziehungsberechtigten, später vom herange-
reiften Subjekt selbst getroffen werden müssen. Barbie
oder Bagger? Robotik oder Kunstpädagogik? Vollzeit
oder Dreiviertelstelle? Kinder oder Tinder? Zwar kann
man immer erst hinterher sagen, ob man gut und richtig entschieden hat, doch von vornherein ist klar, dass

»männlich« bzw. »weiblich« die Zukunft des modernen Menschen algorithmisch genau mitbestimmt.

Die Starrheit der alten Geschlechterordnung passt perfekt zur ultramodernen binären Computer-Logik. Dies zeigt sehr schön die Hollywoodkomödie mit dem vielsagenden deutschen Titel *Was diese Frau so alles treibt* (1963). Beverly Boyer – gespielt von Doris Day – ist blond, mit einem Frauenarzt (James Garner) verheiratet, hat einen Sohn und eine Tochter und lächelt unentwegt. Alles läuft super, bis sie zufällig das Angebot eines Seifenfabrikanten bekommt, sich im Fernsehen selbst zu spielen, um für die Marke »Happy« zu werben. Sie verdient eine Menge Geld und ist selten zu Hause. Die Kinder sehen ihre Mutter nur noch via TV-Spot, Dr. Gerald Boyer reagiert zunehmend ungehalten. Dann lässt der Seifenfabrikant, begeistert vom Erfolg von Beverlys natürlichen Auftritten, einen Pool im Garten der Familie anlegen – als Überraschungsgeschenk für das Seifenmodel, aber auch als Kulisse für künftige »Happy«-Poolreiniger-Spots. Nach einem Ehestreit fährt Gerald seine Limousine unbeabsichtigt in das gefüllte Schwimmbad. Die Situation eskaliert. Gerald inszeniert eine Affäre mit seiner Sekretärin, Beverly versemmelt ihre Kameraauftritte. Die Lösung des Problems wird eingeleitet, als der Doktor mit Beverlys Unterstützung in einer Notfallsituation eine seiner Patientinnen auf einem PKW-Rücksitz entbinden muss. Kaum ist das Baby da, kapiert Beverly, dass sie sich ein drittes Kind wünscht. Das Paar kehrt fröhlich nach Hause zurück, um diesen Wunsch Wirklichkeit werden zu lassen.

Was diese Frau so alles treibt ist ein Lustspiel, das die gleiche primitive Eindeutigkeit vorwegnimmt und promotet, mit der heutige Computer-Logik die Komplexität von Welt und Mensch sortiert. Problem oder Lösung, Erfolg oder Scheitern, echt oder Fake – Mann oder Frau.

Seifenoper in der Skinner-Box

Von Beginn an ist klar: Beverly ist nicht nur eine Frau, sie ist auch Hausfrau. »Frau« bezieht sich auf die Tatsache ihres biologischen Geschlechts, »Hausfrau« auf die Setzung einer weiblichen Idealnorm,[98] mit der sich ihre soziale Rolle deckt. »Frau« weist Beverly als »reale« Frau aus, »Hausfrau« besagt, dass sie eine »echte« und damit gute Frau ist. Beverlys Wirklichkeit als Frau besteht in ihren körperlichen Geschlechtsmerkmalen – ihre »Echtheit« und ihr Gutsein in der untergeordneten gesellschaftlichen Position, die sie gegenüber dem männlichen Geschlecht einnimmt.[99] Untergeordnet a) aufgrund ihres schwächeren Körperbaus und b) aufgrund einer tief sitzenden Ideologie,[100] die »weiblich« mit »passiv, dienend, mütterlich, emotional« gleichsetzt.[101] Zu Beginn des Films hat Beverly nichts dagegen, Frau und Hausfrau zu sein. Die anatomische und die kulturelle Realität passen perfekt zueinander. Zusammen schaffen sie ein eindeutiges, unkompliziertes Glück; eine Welt, in der sich Beverly zu Hause fühlen kann.

Als man Beverly für viel Geld die Rolle der Werbeikone anbietet, ändert sich alles. Nun hat sie ein Problem, das sie lösen muss. Sie muss sich entscheiden. Zwar verfügt sie nicht über eine WhatsApp-Freundinnen-Gruppe, die sie zur Entscheidungshilfe heranziehen könnte. Das ist auch nicht nötig, da die eindeutigen Geschlechterrollen der frühen 1960er Jahre sie auch ohne digitales Feedback den »Rudel«-Schalter finden lassen. Das Frauenrudel der frühen 1960er Jahre votiert für die Idealnorm »Hausfrau«, die Mutterschaft und das Marmeladeeinwecken. Beverly überlegt. Man hat ihr Geld angeboten, viel Geld. Sie könnte aus dem Rudel ausscheren, berühmt werden, ökonomischen Erfolg einheimsen. Eine »reale«, »echte« Frau sein und zugleich eine gute Geschäftsfrau? In der Entscheidungsmatrix, die sie im Kopf hat, besteht kein Widerspruch zwischen ihrem individuellen Vorteilsstreben und den Vorteilen, die sich daraus für ihre Familie ergeben.[102]

Doch so raffinierte Überlegungen Beverley auch anstellt, die binäre Logik lässt keinen Raum für eine Verbindung von »echter« Weiblichkeit und wirtschaftlichem Erfolg. Sobald sie auf den Anreiz des Geldes positiv reagiert, sobald sie ökonomischen Erfolg einheimst, mutiert sie von der »echten« zur »schlechten« Frau. Dabei möchte sie weder die Rolle mit ihrem Mann tauschen noch ihm etwas wegnehmen noch überhaupt ein Mann sein. Weder erstrebt sie ein männliches Genital, noch beansprucht sie – wie es der seit dem 18. Jahrhundert tradierten männlichen Idealnorm entspräche –, aktiv, unabhängig und rational zu sein, zu dominieren und bedient zu werden.[103] Sie will glücklich sein, indem sie der weiblichen Norm treu bleibt, diese aber neu interpretiert. Eben dieses paradoxe Glück muss ihr im Film verboten werden, weil es nicht ins Entweder-Oder-Schema passt. *Was diese Frau so alles treibt* ist ein Gender-Experiment im Breitbildformat, das dokumentiert, was binärlogisch geht und was nicht. Beverly und Gerald agieren und reagieren wie unter den kontrollierten Versuchsbedingungen einer Skinner-Box.[104] Die Hollywoodversion des skinnerschen Prinzips lockt Beverly nicht mit dem ewig gleichen Käse, sondern hält zwei ganz unterschiedliche Käsesorten für sie bereit: Geld oder Liebe, Erfolg oder Baby, Ratio oder Emotion. Als Beverly zum Geld greift, ist sie (nach dem Willen des Drehbuchs) eindeutig verwirrt. Sie erliegt der Selbsttäuschung, eine andere sein zu wollen, als sie ist und sein soll. Ihre weibliche Dummheit verhindert, dass sie die Paradoxie ihres Glücksstrebens erkennt. Erfolg, Geld und Ratio stehen aufseiten »des Mannes«. Also muss ihre Geschmacksverirrung auch mit männlicher Hand beseitigt werden (durch Geralds geschickte, liebevoll-trickreiche Interventionen).

Objektiv betrachtet ist Beverly durchaus nicht dumm. Sie irrt nur darin, zu glauben, Glück plus Selbstbestimmung seien Grundrechte, die seit der amerikanischen Unabhängigkeitserklärung für alle westlich sozialisierten Menschen gleichermaßen gelten. Ha! Ist bis heute nicht so. Computer-Logik toleriert Selbstbestimmung nur auf der einen Seite der Gleichung. **Computer-Logik steht in perfektem Einklang mit der (weißen) männlichen Norm.** Beide verlangen, dass alle ihr dienen.

Die potenzierte Frau: Idealnorm Supermom

Seit 1963 ist viel geschehen. Die gesetzliche Gleichstellung ist erreicht, Gleichberechtigung groß in Mode. Nicht nur die von Frau und Mann. Mit der wissenschaftlichen Erkenntnis, dass es mehr als zwei Geschlechter gibt,[105] haben sich auch die Identifikationsmöglichkeiten vervielfältigt. Begriffe wie »Gender*«, »genderfluid«, »pangender«, »postgender«, »intersexuell«, »transident« und »genderless« fluten die Welt und verunreinigen die schöne Eindeutigkeit mit unliebsamen Mehrdeutigkeiten. Computer-Logik hat auch hierfür eine Lösung: Sie operiert mit einem Virenschutzprogramm – »Diversity«, »Vielfalt«![106] Mit »Diversity« kann nichts schiefgehen. Wo immer dieses Programm installiert ist, in den Entweder-Oder-Schädeln von Privathaushalten und Politik, den Null-und-Eins-Hirnen von Unternehmen und Universitäten, fällt der Umgang mit den neuen geschlechtlichen Varianten leicht. Mit »Diversity« kann jeder, der es nötig hat, sein Platzhirsch-Image korrigieren und ein liberales, minderheitenfreundliches Image pflegen. Wer ein paarmal »Offenheit für Vielfalt!« gerufen hat, hat sein Soll erfüllt. Er kann reinen Gewissens zurück auf die Seiten der Realität surfen, wo wie früher alles in bester hellblau-und-rosaroter Ordnung scheint. Wo nur der »echte« Mann Recht und Macht hat und die »echte« Frau nickt und wo alle, die das bestreiten, ein Problem kriegen.

Das offiziell letzte Update der Mann-Frau-Binarität stammt aus dem Jahr 2017. Es begann sich zeitgleich mit der #MeToo-Debatte in unsere Köpfe hochzuladen. #Me-Too war ein globales Erdbeben. Belästigte, missbrauchte, diskriminierte Frauen aus aller Welt hatten plötzlich keine Lust mehr, die »echte« Frau zu geben, zu lächeln und zu bedienen. Immer mehr brachen ihr Schweigen, riefen mutig: »Ich auch!« Zwar war Frauen schon seit der Antike »erlaubt«, öffentlich »ihre eigenen Interessen zu vertreten und ihren Opferstatus zur Schau zu stellen«, wie die britische Historikerin Mary Beard bemerkt.[107] Dennoch war #MeToo ein historisches Novum: Endlich hörte man die weibliche Wut nicht nur, es wurden auch dringend notwendige strafrechtliche Konsequenzen gezogen.[108] Die Ignoranz, die Selbstgerechtigkeit und das Anspruchsdenken männlicher Machos und Vergewaltiger sollten endlich wirksam eingehegt werden.

Leider war #MeToo aber auch ein Paradefall computerdenkerischer Vereindeutigung – ein Streit über Sexismus, der selbst ziemlich sexistisch geführt wurde.[109] Denn je länger gestritten und gekämpft wurde, desto brutaler riss man die Menschheit in zwei Hälften. Entweder weibliches Opfer – oder männlicher Täter.[110] Wie zu Zeiten Homers[111] und wie in den frühen 1960er Jahren kombinierte #MeToo »weiblich« mit »passiv«, »männlich« mit »potent«. Wenig wurde bemerkt, wie die verblödete Vernunft die starre Rollenverteilung befeuerte. Lieber drosch man entweder auf das Patriarchat[112] oder den »totalitären Feminismus«[113] ein. Den Rest überließ man dem »Diversity«-Virenschutzprogramm, das schon bald ganz automatisch für vollendete Geschlechtergerechtigkeit sorgen würde.

Wir schreiben das 3. nachchristliche Jahrtausend. Warum sind Frauen immer noch nicht so »potent« wie Männer? Warum können wir uns nicht einfach auf unsere Vernunft, unseren Sachverstand berufen; sagen, wer wir sind, was wir wollen und nicht mehr wollen – ohne aus der binär untergeordneten Position zu sprechen? Weil Computer-Logik spricht: Entweder – Oder, und jeden dritten Weg verhindert. Klar weiß die moderne Frau, was sie ist und will, versichert die Computer-Logik, und sie darf es ruhig auch twittern. Aber bitte nur innerhalb des Systems, unter der Rubrik »rosarot«! So lockt uns Computer-Logik in die Falle. Je mehr wir nämlich für *unsere* Themen und Ziele kämpfen – »reale« Gleichberechtigung, gleiche Bezahlung, Anerkennung »ehrenamtlicher« Tätigkeiten (auch Care-Arbeit genannt): Waschen, Putzen, Schleppen, Kochen, Hausaufgabenbetreuen –, desto tiefer presst man uns in die Norm-Schublade.[114] Die Entweder-Oder-Logik ist weit mächtiger als das Ideal der emanzipierten, »potenten Frau«[115]. Der geht es 2020 so wie »Happy«-Model Beverly 1963: Beide bleiben imposante Fiktionen, die nicht »real« werden können. Jedenfalls nicht unter den Bedingungen der Computer-Logik. Eine Frau und jede nichtmännliche Person, die ausspricht, was sie denkt, und damit auch noch Erfolg hat, ist und bleibt ein Problem, das gelöst werden muss (→ Kapitel 1). Das große Entweder-Oder verhindert, dass Verstand und Selbstbestimmung anders als männlich gedacht werden können. Eine Frau, die weiß, sagt, einfühlbar macht, worauf sie sexuell, familiär, beruflich steht und worauf nicht? Die klar artikuliert und einfordert, was sie will, was ihr zu ihrem Glück auch zusteht? Achtung, Normüberschreitung!, meldet die Computer-Logik – und verpasst dieser Frechheit Körbchengröße D.

»Anstatt den Mann zu kastrieren, muss die Frau selbst in die Potenz finden: Aktion statt Reaktion. Positivität statt Negativität. Fülle statt Mangel«, so die Philosophin Svenja Flaßpöhler.[116] Klingt toll. Nur wie soll das unter den aktuellen Umständen gelingen? Der Blick in die Skinner-Boxen real existierender Paare und Familien zeigt, dass die moderne gebärfähige Frau meist schlicht zu erschöpft ist, um auch noch »in die Potenz (zu) finden«. Sie steht viel zu sehr unter Druck, ihre »Echtheit« zu potenzieren und der neuen Idealnorm zu entsprechen, die jetzt nicht mehr nur im Hausfrauensein besteht, sondern darin, *Supermom* zu verkörpern.[117] Die auf Perfektion getrimmte Frau des 3. Jahrtausends ist im Dauerstress. Anders als Beverly Boyer *darf* sie das paradoxe Glück nicht nur anstreben, sondern *muss* es normpflichtschuldig auch tun. Einerseits hat sie die männliche Sphäre des ökonomischen Erfolgs zu erobern (wenigstens in Teilzeit) – andererseits soll sie aber bitte bloß nicht vergessen, ihrer weiblichen »Natur«[118] gemäß die Sphäre des Bedienens und Jasagens zu bespielen. Die moderne Frau möchte frei sein, hat aber nie Zeit dazu. Weil sie vom System, von ihrem Partner, sich selbst und ihrem »Wir«-Rudel permanent getriezt, ermutigt, ermächtigt wird, in beide Richtungen zu expandieren und beide Käsesorten aufzufuttern: Geld und Liebe, Erfolg und Baby, Ratio und Emotion. Doch das perfekte Zwei-Sphären-Glück[119] ist eine Illusion. Glück?

Eine Mogelpackung von Glück, das mit Stereotypen versalzen ist und schon nach kurzer Zeit zu stinken beginnt wie rotgeschmierter Limburger.

Mega-Frau und Mega-Mann

Die Skinner-Boxen, in denen die hellblau und rosarot getränkten Geschlechter stecken, sehen jetzt anders aus als in den frühen 1960ern. Man hat ihnen eine regenbogenfarbene Haube übergestülpt und ein Hightech-Upgrade verpasst. Für Männer halten diese Behausungen tolle Belohnungen bereit: Bei guter Führung kriegen sie nicht nur Liebe, sondern auch Geld, Status, Reputation – das Bonuspaket des männlichen Erfolgsheroismus (→ Kapitel 2). Auf Frauen (wie auf andere nichtmännliche Positionen in untergeordneter sozialer Position) wartet immerhin eine großzügige Abfindung – »Diversity« macht's möglich! Die Frau von heute darf schon wollen, was sie will. Sie muss nur mit den Konsequenzen fertigwerden. Wer autonom sein will, ist selber schuld. Wer alles haben will, ist auch für alles verantwortlich. Der weibliche Erfolgsheroismus hat seinen Preis: Jede Belohnung, die *Supermom* kassiert, hat eine Bestrafung im Schlepptau. Auf Beförderung folgt Degradierung, auf Selbstermächtigung Ohnmacht, auf Emanzipation Abhängigkeit. Die Konditionierung läuft und läuft. So lange, bis sich das Verhalten der Testperson ändert: Auf Wut folgt Resignation. Während sie die ihr zugewiesenen Aufgaben perfekt erledigt, schnurrt ihr Hirn auf

Null-und-Eins-Form zusammen. Sie passt sich an. Fügt sich in die dumpfe Binarität. Funktioniert. Vergisst ...

Wo Computer-Logik dominiert, dominiert verblödete Vernunft. Seit der Aufklärung steht jedem Menschen ein »öffentlicher Vernunftgebrauch« (Immanuel Kant) zu. Theoretisch. Praktisch darf in der gesamten westlichen Zivilisationsgeschichte nur einer vernünfteln: der »echte« weiße Mann, der gebildete Herrklärer und »Mansplainer«, die einzige intellektuelle Autorität auf diesem Planeten.[120] Mann = objektiv, Frau = Objekt, klickt es im hellblauen System. Noch Fragen? Bloß nicht. Wer es wagt, sich das männliche Vernunftideal anzueignen, ist nicht ganz bei Trost, hysterisch, zickig, quengelig, eine Megäre! Immer schon war Ratio mit männlichen Machtinteressen verbunden, mit männlichem »Logos«[121], mit männlicher Redemacht[122]. Seit die Computer-Logik regiert, hat sich die Lage verschärft. In der Computer-Logik stehen alle Hebel auf hellblau.[123] **Weibliche Emotion ist das Problem, männliche Ratio die Lösung.** Nur *er* kann es als Mathematiker, IT-ler, Finanzgenie, Mediziner, Parlamentarier, Berater, Feuilletonist, Großschriftsteller, Twitterer wirklich zu was bringen. Deshalb kann sie immer nur scheitern. Entweder sie setzt auf die rationale Karte der ökonomischen Unabhängigkeit und scheitert als »echte« Frau. Oder sie spielt den emotionalen, mütterlichen, dienenden Part und scheitert in ihrer Freiheit. So will es die verblödete Vernunft.

Computer-Logik steht auf den »echten«, also guten, da (be)dienenden Part der Frau: die weibliche »Mega-Rolle« – die, wie die Philosophin Charlotte Witt (*1951) meint, dauerhaft und kulturübergreifend alle anderen weiblichen Rollen prägt.[124] Eine Frau kann Jägerin, Philosophin, Virologin, Mechatronikerin sein – durch die Brille der Entweder-Oder-Norm sieht man »mega-scharf« Brüste und Schürze. Die »echte« Frau darf weinen, sich eine Lungenentzündung zuziehen und ohnmächtig werden – aber weder Vernunft noch Redemacht haben. Computer-Logik verstärkt die »radikale – reale, kulturelle und imaginäre – Separierung der Frauen von der Macht«, die bis in die Antike zurückreicht.[125] Frau und Macht, das passt nicht ins Programm. Einer Frau, die die gläserne Decke gesprengt hat, steht keine »echte« Autorität zu. Ihr Erfolgsheroismus hat einen Schönheitsfehler. Denn sie nimmt sich, was ihr nie gehörte: Ratio, Redemacht, Geld, Unabhängigkeit, Privilegien. Mit Ursula von der Leyen kann was nicht stimmen. Die kleine Greta hat sie nicht mehr alle. Wartet nur, ihr Präsidentinnen, Ökofeministinnen, Möchtegern-Leaderinnen, droht die Computer-Logik: Wartet, bis ihr erwachsen seid oder in der Öffentlichkeit einen schwachen Moment habt! Dann wird Mann euch entweder absägen oder über die »gläserne Klippe« stürzen lassen. Männer kommen an die Macht, um zu siegen – Frauen, um zu scheitern, sagt die Computer-Logik.

2016 kandidierte Hillary Clinton für das höchste politische Amt der Welt. Sie hatte sich in den Kopf gesetzt, weiblicher und männlicher »Mega-Rolle« gleichzeitig zu entsprechen. Mega-Hillary wollte der »Champion« für alle Amerikaner sein,[126] sich erfolgsheroisch in die Reihe der Mega-Männer, Pioniere, Cowboys, Selfmade-Millionäre stellen, mit der männlichen Norm konkurrieren. Nicht mit Beauty-Produkten groß rauskommen – sondern Präsidentin der Vereinigten Staaten von Amerika werden! Hillary war nicht blöd. Sie wusste, sie hatte ein Glaubwürdigkeitsproblem; trotz aller hochprofessionellen authentischen Selbstinszenierung (→ Kapitel 3). Sie tat alles, um die zwei verschiedenen Käsesorten, die ihr qua moderner Frau zustehen, gleichermaßen überzeugend zu verkaufen: die toughe, starke, rationale *und* die mütterliche, weiche, emotionale Hillary. Aber sie konnte nicht beides sein: Präsidentin und Frau. Frau bleibt Frau, besagt die »Mega-Rolle«. Binär bleibt binär, flötet die Computer-Logik. Entweder Frau – oder Präsident. Entweder Mann – oder Schwächeanfall. Dies, nicht ihr lässiger Umgang mit E-Mails,[127] machte es ihr unmöglich, ihre Machtbefähigung glaubhaft rüberzubringen. Wo Computer-Logik herrscht, bleibt das große Entweder-Oder die unverrückbare Brille, durch die alle Geschlechter beobachtet, beurteilt, verurteilt werden.

Gefangenendilemma 4.0

Die Erfolgsgesellschaft misst Erfolg nicht nur quantitativ, sie stellt ihn auch szenisch dar. Mit Worten, Gesten, Bildern, Symbolen. Auf der einen Seite die gefletschten Zähne, das breite Grinsen, das Schulterklopfen, die High-Power-Pose[128] des Mannes. Auf der anderen das mit Daumen und Zeigefingern geformte Dreieck, die auf männliche Normen zugeschnittene Uniform (entweder

Anzug oder Mörderstilettos)[129], die durch etliche Stimmtrainings mühsam auf »männlich« herabgedimmte Stimme der Frau. So wie die Frauen eigentlich keine Lust mehr auf den ganzen Käse haben, so haben auch nicht mehr alle Männer Lust aufs »echte« Mannsein. Viele, deren Hirn von der Computer-Logik noch nicht völlig verseucht ist, würden die Skinner-Box gern verlassen, mit dem Menschen an ihrer Seite Alternativen zum Elend der alten Rollenverteilung finden. Diese Männer waschen, putzen, schleppen, kochen, tragen den Müll runter und plagen sich mit Hausaufgaben. Und doch läuft am Ende immer das gleiche hellblau-rosarote Programm. Sobald die Frau die weibliche Sphäre verlässt, um einer bezahlten Arbeit nachzugehen, reißt sie ein Loch ins Netz der Beziehung, das nie dauerhaft von männlichem Servicepersonal gestopft wird. Die Geschlechterordnung kennt kein jenseits von Null und Eins.

Wie lange noch? Solange Computer-Logik regiert, sind weder Frau noch Mann wirklich emanzipiert. Je verbissener sie sich aufs Problemlösen und Erfolghaben fixieren, desto nahtloser wird auch die Partnerschaft in das Design der Verhaltenssteuerung eingepasst. **Liebe wird zum Strategiespiel.** Man agiert taktisch. Man lockt den anderen mit diversen Anreizen zum Mitmachen und hält dessen Eigeninteressen in Schach, um den größten Profit (das größtmögliche Glück, die größtmögliche Freiheit) für sich selbst einzustreichen. Emanzipation – frei von jeder Ideologie – hieße aber Freiheit und Glück für beide. Für alle. Es hieße, die immer entweder hellblauen oder rosaroten Lebensläufe umzuschreiben und Entscheidungen auf Basis von Fakten und guten Gründen zu treffen, sich Lasten und Privilegien zu teilen. Ganz ohne »Diversity«-Programm. Freiwillig. Aus Liebe (→ Epilog) und Vernunft.

Wie kann man aus dem Labor des Entweder-Oder ausbrechen, etwas verändern, beeinflussen, bewirken, »machen«[130], um so glücklich zu sein – nicht, wie man *muss* und *darf*, sondern, wie man *kann* und *will*?

»Es ist der autonome innere Mensch, der abgeschafft wird«, schrieb B.F. Skinner, »und das ist ein guter Schritt voran.«[131] Unter computer-logischen Bedingungen ist auch die Freiheit, sich mit seinem Geschlecht und der ihm entsprechenden Rolle wohlzufühlen, primitiven Konditionierungsprozessen unterworfen. Was ist mit Ihnen? Wollen Sie sich von der machohaften Computer-Logik und den Technologien, die sie groß gemacht haben, herumkommandieren lassen? Wollen Sie wach sein, leben, lieben? Oder schwebt Ihnen eine dritte, vierte, fünfte Alternative vor?

Que Sera, Sera (»Was sein wird, wird sein«) hieß der Song, den Doris Day in einem anderen berühmten Film sang – *Der Mann, der zuviel wusste* (1953). Ob Sopranisten, Bassisten, Countertenöre oder Kastraten: Sie, ich, wir alle könnten jede(r) unseren eigenen Song singen, lauter und lauter, bis es unüberhörbar in die Welt tönt: **Wo ist die Freiheit? Wem gehört die Zukunft? Was liegt jenseits von Null und Eins?**

Teil 2

WACH

>Es gibt nichts Schreckenerregendes an einem Knall,
nur an seiner Erwartung.«

ALFRED HITCHCOCK

5 Der Thrill des Lebens

Wer die verblödete Vernunft über die Welt stülpt, sieht
alles gestochen scharf, wie durch eine optimal angepass-
te Bifokalbrille. Sämtliche Widersprüche sind bereinigt.
»Schlecht« und »falsch« stecken akkurat zusammengefal-
tet im dafür vorgesehenen Kästchen, »echt« und »wahr«
im Kästchen gegenüber. Und da sind noch die zwei für
»männlich« und »weiblich«. Alles klar. Computer-Logik
macht glücklich. Computer-Logik kennt keine Angst.
Angst haben nur Leute, die sich von inneren Zuständen
leiten lassen. Computer-Logik weiß, wie man Sicherheit
generiert. Man erstellt eine PowerPoint-Präsentation und
beamt die Buchstaben VUCA ins Auditorium. Längst ist
das Wort aus der Management- und Marketingsprache
zum Modebegriff geworden. VUCA steht für das Gegenteil der Null-und-Eins-Logik: »Volatilität, Unsicherheit,
Komplexität, Ambiguität«[132]. VUCA ist keine Katastrophe – sie sieht nur so aus. VUCA ist ein Problem, für das
Computer-Logik die Lösung ist.

»Das Katastrophische ist eine Kategorie geworden,
die heute nicht mehr zur Vision, sondern zur Wahrnehmung gehört«, schrieb Peter Sloterdijk schon Ende

der 1980er Jahre,[133] des letzten smartphonefreien Jahrzehnts. Seither haben so viele Breaking News die Welt geflutet, dass auch die letzte Warnleuchte im computerlogischen Hirn aufgehört hat zu blinken. Katastrophen sind wie Krisen: einfach irre Neuigkeiten, die zum Alltag gehören wie die neueste Dramaserie. So schlimm kann eine Kernschmelze nicht sein, wenn man *Tschernobyl*[134] jetzt streamen kann. Oder? Computer-Logik lässt sich nicht irritieren. Entweder die Katastrophe ist da, oder sie ist nicht da. Solange sie entweder nicht mehr oder noch nicht da ist, ist Zeit für weitere Serienerlebnisse und PowerPoint-Folien, die beruhigend vereindeutigende Erklärmuster zur VUCA-Lage der Welt liefern. Die Null-und-Eins-Logik bannt die Angst und steigert das Glück. So wie die Schutzhülle, die man über Block 4 des Kernkraftwerks in Tschernobyl gezogen hat, um die Radioaktivität zu bannen. Solange die Angst sicher verkapselt ist, ist Entspannung angesagt. Man kann sich Chips fressend die auf HD-Screens eingehegten düsteren Bilder und Atmosphären reinziehen und sich an Katastrophen wie an Kunstwerken laben.

Was ist heute noch real? Als er den Begriff des »Hyperrealen prägte, schien Jean Baudrillard (1929–2007) die Welt des 3. Jahrtausends ziemlich treffend vorwegzunehmen. Schon in den 1970er Jahren glaubte er, in der Flut multimedialer Informationen, Botschaften, Bilder und Zeichen Symptome eines gewissen Realitätsschwunds zu erkennen. An die Stelle des Realen tritt laut Baudrillard das Hyperreale, das den Menschen aber nicht erschreckt, sondern dem er eher fasziniert gegenübersteht. Der binäre Digitalcode wird zur Keimzelle hyperrealer Zweiwertigkeiten, die Bild und Abbild, Original und Kopie zugleich darstellen.[135] Eine »Rationalität der Simulation«[136] reproduziert nur mehr austauschbare Gegensatzpaare. Der Binärcode verdoppelt die Realität gleichsam, meint der französische Philosoph, und bringt sie eben dadurch zum Verschwinden: »Wirklichkeit und Fiktion sind nicht auseinanderzuhalten, und die Faszination des Attentats ist in erster Linie eine Faszination durch das Bild«,[137] schreibt Baudrillard über die Katastrophe von 9/11. Kopien des Realen, die genauso real erscheinen wie das kopierte Original (= die Wirklichkeit) selbst, nennt er »Simulakren«.[138] Baudrillard tut so, als hätten Nullen und Einsen die Macht, die Wirklichkeit abzuschaffen. Aber das stimmt natürlich nicht.

Die Welt: ein Simulakrum?

In der Welt, die Baudrillard hyperreal nannte, muss sich niemand mehr fürchten: Die Ästhetik hat die Ethik abgelöst, der Lifestyle das Leben, die Zahl den Wert. Die Welt ist mit dem World Wide Web verschmolzen, einem weitgehend kostenlosen Zusatzuniversum, in dem nichts verborgen bleibt – und doch auch nichts völlig klar ist. Der elegante digitale Code sorgt dafür, dass ja kein Sinndefizit aufkommt, indem er permanent fragt, was man gerade tun und lassen möchte – und die Antwort gleich mitliefert. Für die Verbreitung der »unbegrenzt teilbaren Frage/Antwort-Paare«[139] zur Lage der

Welt sorgen die Algorithmen: Welche Wirklichkeit soll's sein? Hey, wir hätten diese und jene im Angebot! Die Technologie soll sicherstellen, dass Sie sich vom großen Like-oder-dislike-Spiel betäuben lassen. Dass Sie, solange Sie sich an die Regeln halten, nie Angst, sondern immer nur Spaß haben. Als hätten Sie die Welt im Griff wie einen gigantischen Joystick.

Baudrillards These vom Verschwinden der Wirklichkeit klingt superspannend, ist aber natürlich Bullshit[140]. Selbst wenn es wahr wäre, dass Sie von Simulakren umzingelt sind, heißt das nicht, dass es die Realität, dass es Leben und Tod, nicht gibt. Die Wirklichkeit existiert, und es ist objektiv wahr, dass sie existiert (→ Kapitel 3). Sie war – bis März 2020 (→ Kapitel 8) – bloß von zu vielen Ablenkungen verstellt. Wann immer Sie das Gefühl haben, alles sei Schein, nichts Sein, sind daran nicht der digitalisierte (Job-)Alltag und Netflix schuld. Nicht die vielen tollen Serien tragen die Schuld am Schein-Gefühl – sondern die Dumpfheit des modernen Menschen.

Die VUCA-Welt befindet sich in einem rasend schnellen »Change-Prozess«, in dem anscheinend nichts bleibt, wie es ist. Doch wo verblödete Vernunft Realität schlägt, stürzt sich der Mensch – speziell der deutsche – eben nicht jauchzend in den Fluss des Wandels. Lieber verharrt er in veränderungsresistenter Unfehlbarkeitsdogmatik. **Wer beim Alten bleibt, braucht keine Angst vor dem Neuen zu haben.** Um immerhin den Eindruck der Innovationsfähigkeit zu erwecken, kann man ja einen (am besten männlichen) Experten rufen, der einem sagt, wo Problem und Lösung liegen, und beruhigt ein Häkchen hinter VUCA setzen. Oder?!

Rufen wir uns hier noch einmal die computer-logischen Fundamente in Erinnerung:

1. das Prinzip der Zweiwertigkeit (»entweder wahr oder falsch«),
2. den Satz vom Widerspruch (»Es ist unmöglich, dass etwas der Fall ist und zugleich nicht der Fall ist«),
3. den Satz vom ausgeschlossenen Dritten (*tertium non datur*).

Ein Expertengehirn, das auf diese Grundsätze programmiert ist, krankt leider an verblödeter Vernunft. Computer-logische Experten erkennt man daran, dass die Worte »VUCA« und »agil« zwar zu ihrem Standardvokabular zählen, ihre Toleranz für Mehrdeutigkeiten und Paradoxien aber gegen null geht. Computer-Logik kennt kein Sowohl-als-auch. Eben daran zeigt sich ihr ideologischer Machtanspruch, mit dem sie sich permanent selbst bestätigt und als unfehlbar verabsolutiert. Sie will keine andere Intelligenz neben sich gelten lassen. Sie will recht haben. Wie ein herrschsüchtiger Patriarch, vor dem alle kuschen sollen.

Computer-Logik friert zusammen mit dem Mut auch die Angst ein. Angst vor Outsourcing oder Downgrading. Angst vor Armut, Krankheit, Einsamkeit, Tod. Computer-Logik kennt keine Angst (höchstens Schulter-Nacken-Verspannungen). Dafür beschert sie Lust. Viel Lust. Lust an der Kontrolle, am Alten und Bewährten, am Recht-haben. Wo Angst war, soll Lust sein. Wer glaubt, Angst zu haben, kriegt Tavor, Xanax[141] und Netflix. Aber: Wo Angst unterdrückt wird, blüht nicht nur die Lust allein. Daneben florieren auch Wut, Hass, Neid, Zynismus. Unter den Bedingungen erzwungener Übersichtlichkeit gedeihen giftige Emotionen besonders gut. Auf sie stürzen sich die Medien- und Gesellschaftskritiker.[142] Dabei entgeht ihnen aber etwas. Eine Stimmung, die als wiederkehrender Rhythmus, gleich einer Bassline, überall im Hintergrund pulst: *die Angstlust*.[143] Jeder kennt dieses widersprüchliche Gefühl. Es kann sich beim Streamen von *Stranger Things* bemerkbar machen oder beim Anblick Michael Jacksons neben einer Schar Minderjähriger; angesichts von terroristischer Gewalt oder Hunderten aus Seenot geretteten Flüchtlingen – oder, ganz banal, im Supermarkt. Wenn es Ihnen beim Griff nach den eingelegten Gürkchen, in einem momentanen Entfremdungsanfall, ganz plötzlich durch den Kopf schießt: »Wer bin ich? Was tue ich hier? Wofür lebe ich?« Dann spüren Sie sie: die Angstlust. Irgendwann, irgendwo haben Sie diesen Thrill schon mal gefühlt. Nicht einmal, sondern immer wieder. Angstlust wirkt unanständig, fast pervers. Computer-Logik hasst sie. Sie beäugt sie mit Argusaugen. Sie fürchtet die Gewalt, die Wachheit und die Kreativität, die diesem Emotionshybrid innewohnt.

Ja zur Angstlust[144]

Im zwiespältigen Gefühl der Angstlust zeigt sich, wie sehr moderne Menschen um die Bedeutung ihrer Existenz ringen. Einerseits haben sie große Lust auf Sinn (→ Kapitel 7). Sie wollen das echte, pralle, intensive Leben[145] jenseits austauschbarer Botschaften, jenseits der immer gleichen Binaritäten des Entweder-Oder-Regimes. Andererseits haben sie große Angst vor Veränderung – und damit vor der vielgestaltigen, vieldeutigen Realität selbst. Eben deshalb sollte man die Angstlust sehr ernst nehmen. Die Vibrationen, die von ihr ausgehen, können Menschen lähmen und zu Voyeuren machen – sie aber genauso gut auch inspirieren, den Ausbruch aus der Erstarrung zu wagen. Angstlust ist schlauer als dumpfes Denken, das alles kontrollieren und optimieren will. Schlauer auch als kluge Argumente, die zu viel Zeit brauchen, um Wirkung zu zeigen. Angstlust ist schneller. Sie kann uns von einer Minute zur nächsten in die Aktivität katapultieren. Weil sie uns zeigt, worin **der Sinn im Irrsinn** bestehen könnte: **in der freiwillig gewählten, spielerisch-experimentellen Suche nach diesem Sinn selbst.** Gibt es etwas Spannenderes als ein Leben, das man (mit)bestimmen kann? Das nicht das Alte und Gewohnte wiederkäut? Dessen Drehbuch offen ist für neue Dialoge, neue Protagonisten, neue Entscheidungen, neue Wendungen? Schon die Entscheidung, nicht gleich jedem »Problem« die Standardlösung überzustülpen, könnte das Leben um ein paar lustvolle Thrills reicher machen.

Achtung: Wenn Sie lieber erst mal einen Experten

fragen, ob Sie sich das jetzt noch leisten können, ob das nicht Finanzen und Workflow gefährdet – dann können Sie dieses Buch nun weglegen. (Obwohl – jetzt haben Sie schon die Hälfte geschafft ...)

Angst lähmt und blockiert, Lust beflügelt und motiviert. Angst flieht, Lust sucht man. Angst macht schwer, Lust schwerelos. Angst macht eng (von lateinisch *angustia* für Enge) und klein(geistig), Lust weitet den Horizont. Ein Gefühl wie eine Sommerbrise, die nie von Dauer ist, sich aber eben jetzt, in diesem Moment, wie ein Stück Unendlichkeit anfühlt. Aristoteles machte zwar im 4. vorchristlichen Jahrhundert einen großen Unterschied zwischen bloßer Lustfixierung und einer guten, gelungenen Existenz. Doch sogar er gab zu, dass die Lust das Leben in wünschenswerter Weise »vollendet«.[146] Die Lust befreit vom Schmerz, die Angst bringt ihn zurück. Angst zerreißt den Schleier, mit dem der Alltag (Jobben, Joggen, Streamen, Shoppen) die Sinnfrage verhüllt. Wo Angst aufbricht und den Schleier zerreißt, steht plötzlich ein großes ratloses Fragezeichen im Raum. Damit aber ist jede Situation der Angst auch eine Chance, sich aus der Erstarrung zu lösen und seine Existenz neu auszurichten: hin zur Lust und zur Leichtigkeit (→ Epilog).

Die moderne Philosophie der Gefühle[147] hält Emotionen allgemein für ziemlich schlau: Sie sind »intentional« auf einen Gegenstand in der Welt gerichtet, erschöpfen sich also nicht im subjektiven Erleben, sondern repräsentieren ihr Objekt auf bestimmte Weise. Die Furcht vor Mäusen etwa repräsentiert Mäuse als gefährlich;

die Schadenfreude angesichts eines Missgeschicks stellt Malheurs, die einen selbst nicht betreffen, als lustvoll dar. Auch können Emotionen eine kognitive Rolle spielen, sogar »wahrheitsfähig« sein, indem sie menschliche Zustände und Handlungen rational machen. Eine Emotion ist einer Bewertung, einem Urteil verblüffend ähnlich: Wenn man auf jemanden wütend ist, urteilt die Wut, dass einem diese Person Unrecht getan hat. Die Wut zeigt dann eine propositionale Einstellung, also eine bestimmte innere Haltung zu einem Sachverhalt. Vor allem aber können Emotionen Wünsche auslösen und zum Tun bewegen.

In jedem Menschenleben wechseln sich Phasen der Angst und der Lust ab. Doch in der unübersichtlichen, wankelmütigen VUCA-Welt kann aus dem Wechselspiel eine widersprüchliche Gleichzeitigkeit werden. Wo sich Angst und Lust treffen, entsteht ein vibrierender Schwebezustand; ein kitzliges Gefühl voller schillernder Widersprüchlichkeit. **Angstlust ist die Bassline, die überall im Hintergrund wabert – der emotionale Soundtrack einer Zeit, die versucht, sich aus sich selbst zu befreien.**

Als Hybrid aus zwei gleich starken Emotionen, die in entgegengesetzte Richtungen auseinanderstreben, ist die Angstlust wesentlich raffinierter als die primitive Wut und der platte Hass. Die Simplizität von Wut und Hass kann der Angstlust nicht im Mindesten das Wasser reichen. Angstlust fühlt nicht nur der koksende Chirurg, der Free-Climber auf der Suche nach dem Kick, die Borderlinerin, die mit der Rasierklinge ihre blutenden Unterarme bearbeitet. Angstlust ist auch ein gesellschaftliches Phänomen, das in einem Umfeld radikaler Unsicherheit und sich stetig verkürzender Aufmerksamkeitsspannen entsteht; in einer scheinbar ewigen Gegenwart,[148] wo jede Aktualität, jede Krise, jede Katastrophe digital abgebildet und unverlierbar gespeichert wird – und doch nicht richtig greifbar ist. In der »Zwischenzeit *nach* der Prognose des Schlimmsten und *vor* der Verifikation der Prognosen durch das Wirkliche«[149] hat die Angstlust ihren großen Auftritt. Nach dem Eintritt des »Realitätsschocks« (Sascha Lobo) hilft sie bei der Sinnfindung. Denn **Angstlust stimmt auf den Thrill des freien Lebens ein, in dem es nicht für jedes Problem eine Lösung gibt.**

Game vs. Play

Wo die Computer-Logik eine ununterbrochene Kette von Problemen und Lösungen generiert, drückt Ihnen die Angstlust schon mal eine Tüte Popcorn in die Hand. Wo ist die Eindeutigkeit, wo die Sicherheit? Weg. Schon sind Sie in Stimmung für das wohl spannendste Unterhaltungsformat aller Zeiten, eins, von dem es endlos viele Staffeln gibt: Ihr eigenes Leben. Die Angstlust spielt darin eine entscheidende Rolle. Sie verhindert, dass Sie eine Entweder-Oder-Existenz führen. Sie motiviert Sie, loszulegen, bevor Sie bereit dazu sind, mit Mut zum Scheitern. Sie sensibilisiert Sie für das Zweideutige, Mehrdeutige, Vielschichtige in der Welt – und in Ihnen selbst. Sie inspiriert Sie, nicht immer nur der Mensch zu sein, für den man Sie halten soll,[150] sondern gegen das bewährte »Ich« aufzubegehren. Worin der Sinn des Lebens auch immer bestehen mag, er liegt ganz sicher nicht in der Verwechslung des eigenen Lebens mit dem der anderen (des »Wir«, mit dem man sich identifiziert). Angstlust verweigert sich dem langweiligen Nachäffen, animiert stattdessen zum gewagten Neuausprobieren. Zum Spielen.

Unter den internationalen Games-Märkten rangiert Deutschland aktuell auf Platz 5.[151] Aber nicht nur bei *World of Warcraft*, *Counterstrike* und im »sozialen Gaming«[152], auch im süchtig machenden Metaspiel um echt vs. Fake (→ Kapitel 3) und im Strategiespiel Mann vs. Frau (→ Kapitel 4) sind wir ziemlich fit. Aber da sind ja auch noch ganz andere Spiele. Solche, die mehr Experimentiergeist verlangen, mehr Fantasie, mehr Mut zur Performance. Wer spielt, übt Leben. Spiele eröffnen einen freien, unbelasteten Möglichkeitsraum innerhalb und neben der realen Welt. Sie regen nicht nur die Vorstellungskraft an, sie trainieren auch die Sozialkompetenz und wecken unseren Siegeswillen. Kooperative wie kompetitive Spiele gehörten immer zur menschlichen Entwicklung, zu Gesellschaft und Kultur. Wo es keine Spiele gibt, gibt es auch keine Kultur. Zugleich ist der Spielbegriff merkwürdig ungenau. Es ist ja nicht das Gleiche, ob Kinder sich verstecken, Wrestler übereinander herfallen, Henning auf der Bühne den Romeo gibt, Anna *Counterstrike* spielt oder Dieter und Dörte Backgammon.

Ein spielerischer Umgang mit der Welt stand am Beginn der Sprache, des Mythos, des religiösen Kults, des Kriegs, der Künste wie der Wissenschaften.[153] Einerseits hat das Spiel seit je eine ordnende, Symbole und Normen schaffende Funktion, andererseits kann und darf es völlig zweckfrei sein.[154] Der Thrill des Spielens liegt schließlich nicht im Tamagotchi-Füttern oder Kegeln selbst – sondern im subversiven Schwanken zwischen Ernst und Unernst, Echtheit und Inszenierung, Realität und Imagination. Aber Spiel ist nicht gleich Spiel. Das Englische kennt dafür zwei Wörter, *play* und *game*.[155] Play schafft durch die Fantasie der Spieler ein offenes, eher lose organisiertes Terrain, in dem man »angstlustig« experimentieren und sich ausprobieren kann – wie ein Kind, das sich als Monster verkleidet, um die Reaktion der Erwachsenen zu testen. Game dagegen bewegt sich in einem räumlich-zeitlich klar strukturierten Bereich mit eindeutigen Regeln. Hier ist weniger die Imaginationsfähigkeit entscheidend als der Wettbewerbsgeist – das Glück oder die Taktik, mit der man das nächste Level hin zum Sieg zu erreichen sucht. Das »Als-ob« eines Ego-Shooter-Typen, der seine virtuelle MP9 aus der Ich-Perspektive auf einen virtuellen Terroristen richtet, befindet sich, trotz der technisch erzeugten Immersion, eindeutig im kalkulatorischen Game Mode. Er kann sich keine Fehler leisten, muss strategisch denken, agonal handeln, erfolgreich Probleme lösen. Strategisch-taktische Games passen perfekt zur verblödeten Vernunft – aber schlecht zu einem sinnvollen Leben. Noch ist Game die mächtigere Spielkategorie. Wie lange noch?

Mit der gefühlten Hyperrealisierung des Lebens verschwimmen die Grenzen zwischen Spiel und Ernst. Zwar wird mehr denn je gespielt, andauernd, überall – besonders am Handy und mit ihm herum –, aber worin liegt der Sinn dieses Tuns? Heute, da es dank sozialer Medien, Online-Marketing und Personal Branding so viele Identifikationsmöglichkeiten wie nie zuvor gibt – und wo sich am Ende doch wieder jeder in das ihm zugedachte Kästchen fügen muss –, wird das, was Friedrich Schiller einst »Spieltrieb« nannte,[156] zu oft zum ökonomischen wie sozialen Zwang. Wo Freiheit Konsumfreiheit heißt, wo eine Spielgruppe Einjähriger als Zielgruppe definiert wird, wo man Gewinn und Niederlage in (Klick-)Zahlen misst, verkehrt sich »Game Mode« in »Trauerspiel«.

Neues Spiel, neuer Sinn

Wir brauchen weniger Game und mehr Play. Der Game Mode frisst Raum und Zeit – der Play Mode erweitert sie. Das freie Leben beherrschen Player besser als Gamer. Player sind Rollenspielerinnen, Bühnenkünstler; Performer, die den Thrill authentischer Selbstinszenierung (→ Kapitel 3) lieben und fürchten. Nicht alle sind wir Gamer, aber alle sind wir Performer.[157] »Ungeschminkt« ist eine Fiktion, von der man vergessen hat, dass sie eine ist. Ob wir wollen oder nicht, wir alle führen ein Doppel-, Dreifach-, Vierfachleben. Auch Sie. Sie existieren ja nicht bloß, Sie spielen auch große Teile Ihrer Existenz – mit anderen und für sie. Um Ihre Rolle(n) zu verteidigen, variieren Sie je nach Erfordernis Effekte, Worte, Gesten, Posen, Masken. Sie, ich, wir alle sind nur so erfolgreich oder erfolglos wie das Schauspiel, in dem wir brillieren, aber auch versagen können. Weil wir in den Augen anderer (oder unseren eigenen) schlecht spielen – oder falsch.

Das Leben lässt sich nicht per Joystick steuern. Auf seiner Bühne vermischen sich Erfolg und Scheitern, Echt und Fake, Person und Maske, Subjekt und Objekt. Wenn Sie mit Angstlust akzeptieren, dass das, was Sie als real begreifen, immer auch eine inszenierte Komponente hat – weil Sie, sobald Sie die Bühne betreten, wie wir alle, an einem bestimmten Play teilnehmen –, dann ergeben sich plötzlich viel mehr Möglichkeiten, Sie selbst zu sein. Sie können die Interpretationsspielräume schätzen, die das Maskenspiel ermöglicht.[158] Sie spüren Ihre Freiheit. Sie können sich abgewöhnen, die immer gleichen Rollen zu übernehmen, sich mit und in den immer gleichen Texten, Szenen, Spielen lächerlich zu machen, zu langweilen oder zu erschöpfen. Auch die vereindeutigenden Games können Sie links liegen lassen – »Winner vs. Loser«, »Rechthaber vs. Zicke«. Stattdessen nehmen Sie Ihr Umfeld in den Blick: die Welt, in der Sie existieren, arbeiten, lieben. Die Küche, die Videokonferenzen, das Fitnessstudio, den Supermarkt. Sie machen sich klar, dass Sie selbst nicht der einzige Player, die einzige Playerin sind – und dass die jeweilige Situation immer mitredet. Das »Ich«, dem der moderne Mensch so große Bedeutung zumisst – dieses »Ich« ist immer auch das Ergebnis eines schwankenden VUCA-

Kontexts, die Wirkung einer ständig wechselnden Szenenfolge, der Kommunikation mit immer anderen Protagonistinnen und Nebenfiguren. Ob Sie den ganz großen Auftritt hinlegen oder sich lieber auf dem Sofa einrollen, darüber entscheiden Ort, Zeit und Gelegenheit. Wie und ob Sie überhaupt im Wandel überleben, darüber bestimmen auch die übrigen Akteure, Masken und Rollen; die momentan vorherrschende Atmosphäre; der Zufall.

Und wieder stehen Sie im Supermarkt, vor dem Gurkenregal; wieder packt Sie plötzlich der Thrill: Wer bin ich? Was tue ich hier? Wofür lebe ich? Doch diesmal fahnden Sie erst gar nicht nach einer Antwort. Sie gruseln sich kurz – und wagen tollkühn den Sprung ins Experiment. »Heroisch«?

6 Weiche Helden

Thea studiert in Florenz und Wales, bricht ihr Prakti-
kum in einer Werbeagentur ab, bewirbt sich für einen
Masterstudiengang in Kanada, stürzt in eine Sinnkrise
und wird spirituelle Lehrerin. Max beendet nach einer
langen, unglücklichen Beziehung sein bisheriges Leben
und wird, was er immer schon war: eine Frau. Annalena jobbt als Model, wird sexuell missbraucht, macht
eine Therapie und gründet einen Online-Shop für ve-
gane Kosmetik. – Sekündlich schwappen Geschichten
heldenhafter Transformationen aus der Wirklichkeit in
die alten und neuen Medien. Sie vervielfältigen sich, gehen Synthesen mit anderen ein, generieren immer neue
Varianten. Ben wird vom Waffennarren zum Seenot-
retter, Jo von der Säuferin zur politischen Aktivistin zur
Krankenschwester. Es geht Schlag auf Schlag, eine Story
jagt die nächste. Jede ist einzigartig – und doch schon
mal da gewesen, seit dem Anbeginn des Erzählens.
Es gibt einfach zu viele. Die Motive wiederholen sich
wie die Dramaturgie: I. Orientierungslosigkeit / II. Sinnkrise / III. Plan / IV. Erfolg. *Gefällt dir meine Heldenreise,
kannst du dich mit ihr identifizieren?* Die Serienproduk-

tion autobiografischer Storys tritt in Konkurrenz zu den allumfassenden Breaking News. Das Weltgeschehen ist in Trillionen Erzählstränge zerfranst. »Geschichten« rangieren vor Geschichte.

Jeder Tag bringt neue Heldinnen[159] und Helden hervor, für jeden Geschmack mindestens eine(n). Solange Computer-Logik regiert, besteht die Funktion dieser außergewöhnlichen Menschen nicht nur darin, Sie zu ihren Fans zu machen. Ihre Geschichten dienen vor allem Testzwecken – Sie sollen sie gefälligst mit Ihrem eigenen Lebenslauf abgleichen; checken, ob Sie selbst den Heroismus-Test bestehen würden. Computer-Logik integriert jeden neu aufpoppenden Hero in ihr Entweder-Oder-Spiel, um Sie nach dem Reiz-Reaktions-Schema auf den Pfad der Selbstoptimierung zu lenken. Computer-Logik will nicht, dass Sie Heldengeschichten hinterfragen – sie will, dass Sie jetzt sofort darauf reagieren. »Es ist nicht mehr die Aufgabe der Botschaften zu informieren, sondern vielmehr zu sondieren, zu testen und letzten Endes zu kontrollieren«, schrieb Jean Baudrillard einmal sehr passend.[160] In einem Universum, in dem alles möglich ist, aber die Antwortoptionen zugleich auf »Null« oder »Eins« beschränkt scheinen, erhöhen Helden stetig den Druck, machen süchtig – nicht zufällig trägt das Heroin diesen Namen. Jede Eroberin, jeder Selbst- und Weltretter fordert Sie zum Vergleich heraus, zwingt Sie, sich selbst zu prüfen: Wie positioniere ich mich? Wie verhindere ich meinen Untergang? Wer keine Lösung hat, hat ein Problem. Oder? – »(D)ie Befragten werden immer mehr zu dem, wozu die Frage sie macht und drängt.«[161]

Solange der Erfolgsheroismus boomt, sind Sinn und Sieg deckungsgleich. So lange hängen Heldinnen und Helden des 3. Jahrtausends am Rockzipfel des altgriechischen Prototypus. So lange vermischt sich im kollektiven Unbewussten der »Held« (von ahd. *helid*, aus germ. **halud*)[162] mit den Idealen, die aus seinen Wortbedeutungen »Krieger« und »freier Mann« resultieren. Auch wenn er im x-ten Upgrade daherkommt – selbst wenn es sich um Greta Thunberg handelt. In der griechischen Mythologie verehrte man den *heros* oft als Halbgott. Der Heros der Mythologie und der Sage ist ein Muskelpaket mit übermenschlichen Kräften, furchtlos, durchtrieben, tollkühn, emotional, mit machohaften Zügen: Gilgamesch, der aus Trauer über seinen toten Freund selbst unsterblich werden will. Achill, der sich zornig aus dem Kampf zurückzieht, weil ihm Agamemnon seine Geliebte wegnahm. Siegfried, der den Drachen tötet und Frauenherzen bricht. Odysseus, der sich nach Penelope verzehrt, aber vor lauter Entdeckerdrang auf dem Weg nach Hause zehn Jahre vertrödelt.[163]

Befreiung aus der heroischen Zwangsjacke

Der männliche Ur-Held an sich ist eine zutiefst widersprüchliche Figur. Nicht nur das Siegen, auch das Leiden und Scheitern sind integraler Bestandteil seiner Geschichten. Er ist mutig und unmoralisch, edel und brutal zugleich. Wie die griechischen Götter ist auch er kein Heiliger. Das Einzige, was für ihn zählt, ist die Aufgabe, die Tat, die zu vollbringen ist. Der »Monomythos«[164] der Heldennarrative lautet: Immer hat der Held einen Job zu erledigen, stets muss er deshalb eine Reihe Herausforderungen, Prüfungen und Abenteuer bestehen. Iason holt das geraubte Goldene Vlies zurück, Parzival sucht nach dem Heiligen Gral, Herkules entführt den Höllenhund Zerberus aus der Unterwelt. Der wahre Held gibt sein Leben für etwas, das größer ist als er selbst. Der Ur-Heros besticht durch seinen Drang zur Expansion, sein Streben nach Einzigartigkeit, Potenz und Transzendenz, seinen Extremismus, sein Genie, seine manchmal kindische Unvernunft. Der Ur-Heroismus zielt weniger auf Kooperation als auf radikale Autonomie. Er liegt in der Ausschließlichkeit der Selbstüberwindung.

Mit solchen Ur-Helden ist es vorbei. Das 20. Jahrhundert hat zu viel heroisches Gemetzel gesehen, zu viele »Heldentode«. Die (angeblich) zivilisierten Nationen haben sich vom realen Sterben und Töten entfremdet. Sie wollen es nicht erleben und erleiden, sie wollen es kontrollieren. Der Tod darf nicht passieren, nicht in echt. Wann immer der Tod eintritt, passt er nicht in den Terminkalender. Das Leben besteht aus unzähligen heterogenen Elementen – der Tod aus nichts. Die meisten, die den 11. September 2001 live im TV verfolgten, konnten die Wirklichkeit nicht fassen. Viele glaubten, Ausschnitte eines Bruce-Willis-Films zu sehen.[165] Kurz nach der Katastrophe engagierte das Pentagon eine Reihe berühmter Drehbuchschreiber. Gemeinsam entwickelte man das Videospiel *Real War*, das amerikanische Militärführer darin ausbildete, die Feinde im Nahen

Osten zu bekämpfen.[166] Der Hightech-Held des Antiter-rorkriegs operiert nicht blutrünstig, sondern aseptisch. Sein Job besteht in der Optimierung der Trefferquote und der Minimierung von Kollateralschäden.

Die neuen Alltagshelden und -heldinnen tragen zwar kein militärisches Equipment in ihren Rucksäcken, aber auch sie agieren ganz schön militant. Die Geschichten von Thea, Annalena und Max mögen noch so ergreifend sein, sie sind auch ziemlich übergriffig. Sie inspirieren uns nicht nur, sie predigen uns ständige Selbstüberprü-fung: *Wie positionierst du dich – im Vergleich zu mir? –* Wer sich nicht als Macherin oder Manager des eigenen »Ich« beweist, wer seine Niederlagen und Mängel nicht in Triumphe verkehrt, muss als Loser enden.[167] Man muss eine Heldenreise zu erzählen haben, sonst gilt man nichts. Jede neue Story wirft Holz ins (Lager-)Feu-er. Nicht jede ist »wahr«[168]. Aber jede sorgt dafür, dass ein um alle Widersprüche bereinigtes, modernisiertes Ur-Heldentum Standardanforderung bleibt. Im Job, in der Liebe, im Leben überhaupt. (Fast) keiner kann sie erfüllen, aber alle tun so, als ob. *Wer willst du sein? Was willst du tun? Willst du, wirst du den Test bestehen?* Was unter dem harmlosen Label »Story« firmiert, ist in Wahr-heit eine knallharte Strategie, ein ausgetüftelter Plan[169] zur Selbstperfektionierung. Die heroische Zwangsjacke führt zur Überforderung mit sich und der Welt. Die Fol-ge: Depression, Zynismus, Gleichgültigkeit. Die helden-hafte Hyperaktivität verkehrt sich in totale Passivität. Nichts mehr sehen-hören-sagen können und wollen.

Wo Computer-Logik dominiert, gilt die Subjekt-Objekt-Binarität: die gedachte Trennung der Welt in ein heldenhaftes Ich und ein gegnerisches Zielobjekt, das erobert und zu Fall gebracht werden muss (die eigene Durchschnittlichkeit, die eigene Sucht, das eigene Versagen). Doch es gibt einen Ausweg. Wer die Ich-Perspektive aufgibt, hört auf, sich selbst als künftigen Helden, künftige Heldin zu setzen. Es befreit Sie davon, ein Ich zu sein, das in ständigem Kampfmodus begriffen ist. Niemand kann Sie in die Subjektposition zwingen, außer Sie selbst. Es geht auch anders: **In Flow-Zuständen, wenn Sie tanzen, singen, joggen, springen, löst sich Ihr Ich in der Beziehung zu Welt und Umwelt ganz einfach auf.**[170] Es wird plötzlich federleicht (→ Epilog), integriert sich nahtlos in den Fluss der Welt. Sie handeln nicht mehr strategisch, zielen nicht mehr auf etwas. Sie tun etwas, ohne es zu tun. Die Subjekt-Objekt-Trennung ist vorübergehend aufgehoben. **Das große Entweder-Oder zerfällt in viele kleine Sowohl-als-auchs und Weder-nochs.** Die computer-logischen Fundamente – das Prinzip der Zweiwertigkeit, der Satz vom Widerspruch und der Satz vom ausgeschlossenen Dritten – stürzen ein. Und hier kommt eine ganz andere Perspektive »ins Spiel«, eine, die durch die Brille der Null-und-Eins-Logik komplett irre wirkt: die traditionelle asiatische[171] Sichtweise.

Reise nach China

Taoismus, Konfuzianismus und Buddhismus teilen eine uralte Denkungsart. Diese trennt nicht zwischen Ich und Welt, Theorie und Praxis, Mittel und Zweck, Problem und Lösung, Leben und Tod. Statt von Binaritäten und Dualismen geht man von Korrelationen aus.[172] Statt logisch-deterministisch zu operieren und sein (Ziel-)Objekt vom Kontext zu lösen, achtet man auf die kontextabhängige, stets wandelbare Beziehung der Dinge untereinander.[173] Dem jahrtausendealten ganzheitlichen chinesischen Denken – das alle anderen asiatischen Kulturen prägte[174] – liegt der Satz vom Widerspruch so fern wie die Prämisse, dass alle Menschen sterblich sind.[175] Diese Logik rechnet nicht mit abstrakten Größen. Sie braucht weder ein »(zu identifizierendes) Objekt«[176] noch ein Subjekt mit Fähigkeiten, die einer bestimmten Aufgabenstellung entsprechen. Wichtig und lohnend ist vielmehr »das Vermögen, einen Prozess fortzusetzen«[177], sich geschmeidig in den unaufhörlichen Lauf der Welt (*tao*)[178] zu integrieren; in ein Universum, in dem Mensch und Natur permanent in Resonanz zueinander stehen,[179] in dem jede einzelne Situation eine andere gleichsam zum Klingen bringt, weil alles mit allem zusammenhängt.

Wenn Sie aufhören, ein »Subjekt« sein zu wollen, geben Sie automatisch die Kontrolle ab. Wenn Sie die Regeln des Spiels nicht mehr beherrschen wollen, können Sie anfangen, die Vorteile von Mehrdeutigkeiten, Widersprüchen, Uneindeutigkeiten zu genießen. Ihre

Schnappatmung stoppt. Ihr Hirn öffnet sich. Ihr Herz macht einen Salto. Wert und Sinn entstehen nicht zwangsläufig durch heldenhafte Anstrengung. Sie können auch wie von selbst einer bestimmten Situation und dem Potenzial, das ihr innewohnt, entsteigen. Dinge können sich fügen. Je nachdem, ob die Chancen, die Situation zu beeinflussen, wahrgenommen wurden oder nicht. Das ist es, was der taoistische Philosoph Laotse (ca. 6. Jhd. v. Chr.) *wu wei* nannte: »Nicht-Handeln« nicht als passives Vor-sich-hin-Gammeln, sondern als paradoxes Tun, das nichts tut, »*aber* und *so dass*« nichts ungetan bleibt.[180] Man lässt die Situation sein und unterstützt sie nur darin, sich selbst zu wandeln – statt sie aktionistisch zu manipulieren. Darin liegt eine Art »weiches« Heldentum, das mit dem westlichen Heroismus – die Welt dem eigenen, sorgfältig austheoretisierten Zielerreichungsplan gefügig zu machen – rein gar nichts zu tun hat.

Der Konfuzius-Schüler Menzius (372 – 289 v. Chr.) erzählt eine Geschichte, die noch mal deutlich macht, worum es geht.[181] Ein Bauer prahlt vor seinen Kindern damit, wie hart er den ganzen Tag auf seinem Feld gearbeitet hat, wie er sich angestrengt hat, an den Trieben zu ziehen, um das Wachstum des Saatguts zu beschleunigen! Und was sind die Früchte dieser heldenhaften Anstrengung? – Verdorrte Pflänzchen, die leblos auf dem Acker liegen. **Der Heroismus ist ineffizient.** Indem man brutal in den Lauf der Natur eingreift, um eine schnelle, direkte Wirkung zu erzwingen, macht man alles kaputt. Man vergewaltigt die Natur. Statt Geduld zu haben, abzuwarten und die Situation selbst wirken zu lassen. Was ist der Sinn, mit Zwang und Zucht zu »siegen«? Da alles mit allem in Wechselwirkung steht, schadet man der Natur, den Kindern, dem Bauern selbst. Das sogenannte Ziel – die Beschleunigung natürlicher Wachstumsprozesse – erweist sich als Fiasko. Der heroische Plan hat nicht funktioniert, die Dinge haben sich anders entwickelt, als von dumpfer Logik vorprogrammiert.[182]

So zu denken und (nicht) zu tun heißt, Ziele ziehen zu lassen; Pfeil und Bogen in der untersten Schublade zu verstauen. Es heißt zu erkennen, dass man Wachstum nicht erzwingen kann, genauso wenig wie Wert und Sinn. Man kann nur zuschauen, wie Pflänzchen Pflanzen werden, und ihre Entwicklung durch gießen und jäten unterstützen. Geduldig, behutsam nicht-tuend, wach und achtsam. **Dann kann der Moment der Ernte kommen: wie von selbst.** Vielleicht fällt die Ernte reich aus, vielleicht eher mager. Wer weiß, wozu es gut ist? Alles verändert sich, alles ist im Übergang begriffen. Aus einer kleinen Chance kann eine große werden. Immer gibt es etwas, was gerade »wächst« – und sich hervorragend entwickelt, wenn man sich nicht vorschnell einmischt, nur hier und da etwas nachhilft. **Das ist Effizienz!**

Die geschmeidige, situationsbewusste Intelligenz steht quer zur verblödeten Vernunft. Sie kann keine subjektzentrierten, stahlharten Null-oder-Eins-Heroen gebären, wohl aber weiche Heldinnen und Helden. Solche, die den Perspektivwechsel[183] weg von der abgenutzten Ich-Warte hin zur Welt wagen, wo durch waches, achtsames »Nicht-Handeln« Situation und Kontext wirken können. Weiche Helden könnten einen neuen

Trend setzen. Statt Brachialgewalt: Spiel, Experiment, Geduld, Freiheit.

Was kann der Mensch?

Während sich die weichen Helden warmtanzen, plustert sich der moderne Herkules immer noch ein wenig auf. Doch zwischen Videokonferenzen, Calls und Tischtenniszonen ist der »Mann« und »Krieger« auf Turnschuhträger-Dimension geschrumpft. Der männliche Vorstand hat keine wilden Tiere am Hals, er trägt höchstens eine Krawatte. Der Manager durchschlägt gordische Knoten nicht mit dem Schwert, er löst sie digital. Der Ur-Held ist zum Projektleiter mutiert. Muss er sich deshalb mit Sexismus abreagieren? Der #MeToo-Zeitgeist will den Schrumpfhelden an die Kette legen wie einen ungezogenen, Feuer speienden Drachen. Plötzlich heißt es gemäß binärer Logik: Wo *Superman* war, soll *Wonder Woman* werden. In Filmen wie *Atomic Blonde* (2017) überwindet die »echte Frau« ihre Opferrolle, indem sie mit durchtrainierten Muskeln und Brutalität auf »echter Mann« macht.[184] Die Wut des männlichen Schrumpfhelden über die gefährliche weibliche Konkurrenz – mordende MI6-Agentinnen, Vorständinnen, Verteidigungsministerinnen – ist riesig. Sie hindert ihn zu sehen, dass die neue Superheldin bloß ein Spiegel seiner selbst ist. Dass sie also die alte Ordnung weiter fortschreibt. Gefährlich für sein Weltbild wäre erst ein Umdenken: Die (Nicht-)Methode »Nicht-Tun« könnte frische Ideen in sein vertrocknetes Hirn blasen. Das darf nicht passieren. Niemals. Also verwendet er seine Kraft darauf, ein ur-heroisches Revival einzuleiten: mit einer Operation namens »Transhumanismus«[185].

Transhumanisten[186], das sind Neo- und Hyperhumanisten, die alles auf lebensfördernde Technologien setzen. Mit weichem Heldentum haben sie nichts am Hut. Sie weigern sich, achtsam dem Lauf der Welt zu folgen. Sie wollen mehr, viel mehr. Die totale Macht, das ewige Leben. Das Ende jeglicher Gebrechen. Der Mensch soll durch genetische und kognitive Enhancement-Strategien technologisch optimiert werden – damit er noch besser, noch schneller, noch länger, noch zielbewusster kämpfen kann. Sämtliche (auch moralischen) Mängel sollen durch evidenzbasierte Wissenschaft eliminiert werden.[187] Doch geht die transhumanistische »Trivial-Anthropologie«[188] von einem menschlichen Instinkt zur Selbstoptimierung aus, der nicht weiter begründet wird – aber legitimieren soll, warum der auf Zahlen und Daten reduzierte Mensch zu seinem eigenen Besten technologisch gesteuert[189] werden muss. Die Zukunftsvisionen der Transhumanisten erinnern an die gesellschaftliche Utopie Skinners: Am Ende aller Experimente steht nicht Freiheit, sondern Kontrolle.[190]

Transhumanistische Heroen fragen nicht: Was kann der Mensch? Sie glauben es bereits zu wissen, indem sie den Menschen eschatologisch von der Zukunft aus denken. Dabei ist die Frage, was der Mensch kann, eine der kompliziertesten. Immer fordert sie eine Antwort – und stets verweigert sie sich ihr. *Den* Menschen gibt es mutmaßlich nur im Plural. Der Mensch ist singulär-plural. Er ist so einzigartig wie eine Schachtel Pralinen: Man weiß nie, was man kriegt. Menschen sind nicht von Umwelt und Genetik allein bestimmt, und sie sind auch keine Algorithmen. Sie agieren nicht vorhersagbar wie eine Turing-Maschine. Menschen treffen eigene Entscheidungen. Sie können tun – und »nicht tun«. Sie verspüren Angst und Lust – und Angstlust. Sie haben mehr oder weniger vernünftige Gründe für ihre Lebensentscheidungen – oder sie entscheiden mit dem Herzen. Und sie besitzen ein moralisches Empfinden, das ihnen den Unterschied zwischen Würde und Würdelosigkeit vermittelt. Das singulär-plurale Lebewesen namens Mensch ist ein ewiges work in progress, nie auf ein Fertigwerden angelegt. Es ist eine Wundertüte aus Stärke und Verletzlichkeit, es steckt voller Widersprüche. Und es existiert nur in, mit und durch Beziehungen zu anderen Menschen. Zu anderen, die sich gegenseitig ärgern und in den Wahnsinn treiben, einander aber auch (über)lebensnotwendige Anerkennung, Liebe, Halt geben.

Anarchie der Weichheit

»Handelnd und sprechend offenbaren die Menschen jeweils, wer sie sind […], treten gleichsam auf die Bühne der Welt, auf der sie vorher so nicht sichtbar waren«, schrieb Hannah Arendt.[191] Die Philosophin differenzierte zwischen dem *Was* und dem *Wer* einer Person. *Was*, das ist »weiblich«, »männlich«, »stark«, »schwach«,

»wach«, »dumpf« – was immer unsere Kultur an Katego-
risierungen für Talente, Defekte, Gaben, Mängel zu bieten hat. *Wer* dagegen bleibt letztlich unserer Kontrolle
entzogen.[192] Das *Was* eines Menschen lässt sich nach be-
havioristischer, algorithmischer, transhumanistischer,
computer-logischer Manier in Daten und Zahlen pressen.
Das *Wer* nicht. *Wer* sagt nicht, was es ist. Es formuliert
nicht, es ist nicht explizit, es zeigt sich einfach. In der
Stimme, im Lachen, in Worten, Gesten, Bewegungen eines Menschen; durch ein Hinschauen oder Wegschauen,
ein Streiten oder Nachdenken, ein Handeln oder Nicht-
Handeln. Was kann der Mensch? Diese Frage entscheidet
sich an diesem *Wer* – immer wieder neu und anders.

Weiche Helden leben ihr *Wer*, nicht ihr *Was*. Sie verlangen nicht von Ihnen, dass Sie sich mit ihnen identifizieren und sie bewundern. Sie zeigen bloß, was passieren könnte, wenn man vom Weg des heroisch selbst
kontrollierten Aktionismus abweicht. Sie könnten zum
Beispiel aufhören zu kämpfen. Es wäre möglich, dass
Sie den Weg des »Nicht-Tuns« wählen. Bevor Sie neue
Vorhaben, Regeln, Verordnungen aushecken, um etwas
zu bewegen und der Welt Ihre Pläne aufdrücken, könnten Sie diesen Planeten – und die Situation, in der Sie
sich jetzt befinden – genau in den Blick nehmen. Was
der Welt nichts nützt, nützt Ihnen auch nicht. Was der
Natur schadet, schadet auch Ihnen. Sie sind ein Mensch
und damit genauso verletzlich wie Saatgut. Was für eine
Chance: Sie, ich, wir alle könnten mit dieser Einsicht
mehr Gewaltlosigkeit wagen – und mehr Anarchie.

Für Laotse war *wu wei* auch eine politische Tugend.[193]

Sein taoistischer Herrscher will das Wirken seiner Untertanen nicht durch Verbote und bürokratische Reglements einschränken. Er vertraut darauf, dass sie ihr *Wer* von selbst entfalten (ohne dass ihnen zuvor diktiert wurde, was für ein *Was* sie zu sein haben).

Bei Laotse und in der asiatischen Denktradition sind Ambivalenzen und Paradoxien keine Monster, auf die es Jagd zu machen gilt. Nichts und niemand ist einfach entweder so oder so. Moderne Menschen mögen sich von der Computer-Logik auf ein bestimmtes *Was* hinsteuern lassen. Ihr *Wer* zeigt etwas anderes: dass menschliche Wesen zugleich schön und hässlich sind, gut und schlecht, offen und borniert – und alles jenseits solcher Dichotomien. Die größten Herausforderungen dieser Welt – Klimawandel, Migration, Epidemien, Kriege, Ungleichheiten – lassen sich weder »lösen« noch »besiegen«. Auch ganze Heerscharen weicher Helden, die Anarchie und Gewaltlosigkeit in sich vereinten, könnten uns nicht den Weltfrieden bescheren. Dafür könnten sie mit spielerischer Leichtigkeit (→ Epilog) den ineffizienten Heroismus durchkreuzen. **Mit jedem Akt des »Nicht-Tuns«. Bis der Lauf der Welt sich in eine andere Richtung dreht.** Bis man sieht, dass die durch Schwerter, Bomben und Granaten, durch Dekrete, Strafen und Sanktionen erzeugten Risse im Gewebe der Welt allen schaden. Weil auf diesem Planeten nichts isoliert existiert (nicht mal Nullen und Einsen). Sondern alles mit allem verwoben und in seiner Freiheit und Verletzlichkeit auf anderes angewiesen ist. Könnte man das so sehen? Würde man dann verstehen, was Verantwortung wirklich heißt?

7 Lob des Absurden

Stellen Sie sich vor, Sie gehen die Straße entlang.[194] Plötzlich fällt etwas von Ihrem Gesicht herab aufs Trottoir. Sie bücken sich und heben es auf. Es ist Ihre Nase. Beschämt stopfen Sie sie in die Tasche und gehen weiter. Gleich haben Sie einen Termin mit einem wichtigen Kunden. Wie wird er reagieren, wenn Sie ihm ohne Nase gegenübertreten? Der Kunde öffnet die Tür und lächelt. Sie erstarren. In seinem Gesicht: Ihre Nase! Reflexartig greifen Sie in Ihre Tasche. Sie ist leer …

An dieser Stelle erwarten Sie wahrscheinlich eine Erklärung. Vielleicht verspüren Sie aber auch den heimlichen Drang, sich ins Gesicht zu fassen, um zu prüfen, ob das Ding noch an der üblichen Stelle sitzt. Weil Sie plötzlich, für den Bruchteil einer Sekunde, zweifelten. Natürlich verwerfen Sie den Gedanken gleich wieder. Weil er unsinnig, irrational erscheint; absurd. »Misstönend« lautet die Übersetzung des lateinischen Adjektivs *absurdus*, was die Sache perfekt auf den Punkt bringt. Das Absurde verhält sich zu Ihrer Ratio wie Schostakowitschs wilde Oper zu Ihren Ohren.[195] Ziemlich schräg. Was, wenn die Nase wirklich weg ist? Wer zweifelt, lebt gefährlich. Zweifeln kann tiefsitzende Gewissheiten erschüttern. Im System des widerspruchsfreien Entweder-Oder wird der Zweifel daher ausgeschlossen – so wie seine engsten Verwandten: kritisches Fragen, Selbstreflexion, Innehalten. Computer-Logik hält nie inne. Sie läuft und läuft. Die verblödete Vernunft setzt Geist mit Logik gleich und Logik mit technologisch beglaubigter Rationalität. Sie stülpt der Realität ihr binäres Modell über. Sie ersetzt Fragen durch Fraglosigkeit, Vieldeutigkeit durch Eindeutigkeit, Inhalte durch Formeln. Und: Sie ersetzt den Menschen durch ein mechanistisches Bild seiner selbst.

Angenommen, Sie sind ein ganz normaler moderner, sympathischer Erdbewohner. Dann nehmen Sie sich und Ihr Leben sehr ernst. Sie besitzen mindestens ein elektronisches Gerät, suchen Lösungen, verfolgen Ziele und betrinken sich selten. Sie versuchen, nicht aufzufallen. Sie wollen anständig und pünktlich sein. Über manche Leute regen Sie sich auf, mit anderen lachen sie. Sie freuen und ärgern sich leidenschaftlich, und Sie achten darauf, vor jeder wichtigen Entscheidung Pros und Kontras zu checken. Doch obwohl Sie sich reinhängen, den 24-Stunden-Job Ihres Lebens gut zu erledigen, zweifeln sie manchmal am Sinn dieses Unternehmens. Etwas völlig Unerwartetes durchkreuzt Ihre Erwartungen – und plötzlich schlägt ihre leistungsorientierte operative Tätigkeit in den ziellosen Fragemodus um. Warum musste Ihre Freundin sterben? Warum hat Ihr Partner sie verlassen? Warum sind die Dinge nicht so, wie man sie haben will? **Computer-Logik will das Unerwartete ab-**

schalten – aber das Unberechenbare hat keine Off-Taste. Plötzlich klafft ein Loch im Sicherheitsnetz der binären Sinnbezüge. Kein Entweder-Oder in Sicht.

Das disruptive Urinoir

Eine Situation erscheint absurd, wenn sich zwischen Erwartung und Wirklichkeit ein Abgrund auftut.[196] Ein Schneesturm im Sommer. Ein Präsident, der Politik im Reality-TV-Format macht. Ein klitzekleines Virus, das die Welt in Ketten legt. **Das Absurde ist die Steigerungsform des Paradoxen, Vieldeutigen und Widersprüchlichen.** Paolo gibt ein Vermögen für seine Verlobte aus, er kauft ihr ein Haus, sie ziehen ein – und dann verlässt sie ihn für eine Frau. Lena versucht verzweifelt, ein Kind zu kriegen, Hannah hat nicht die geringste Lust auf Mutterschaft. Lenas Versuche bleiben trotz aller medizinischen Bemühungen vergeblich – Hannah wird ungewollt schwanger. Mit Drillingen. Echt jetzt? Oder Fake? Noch absurder: Ein Textilwarenvertreter verwandelt sich in ein riesiges Insekt. Zwei Männer warten an einer Landstraße jahrzehntelang auf Godot. Ein Barbier findet eine Nase in seinem Frühstücksbrot: Was, wenn es Ihre ist? Das ist sie höchstwahrscheinlich nicht. Tatsächlich ist sie erfunden. Sie gehört zum Werk des Schriftstellers Nikolai Gogol – so wie das Insekt Franz Kafkas Novelle *Die Verwandlung* (1915) und die beiden Wartenden Samuel Becketts Drama *Warten auf Godot* (1952) entnommen sind.[197] »Misstönende« Absurditäten gibt es nicht nur seit jeher im wirklichen Leben, sondern seit Ende des 18. Jahrhunderts auch in der Literatur und der bildenden Kunst. Die Romantik (→ Kapitel 8) mit ihrer Vernunftskepsis und ihrem Sinn für Ironie[198] ebnet dem Absurden den Weg, in den Jahren vor dem I. Weltkrieg wird es zum festen Bestandteil der Avantgardebewegungen[199]. Die Avantgarden widersprechen allem, was kanonisch ist (bis sie selbst Teil des Kanons werden …). Sie vertauschen Ordnung mit Chaos, Form mit Schock, Sinn mit Zufall. Die Futuristen etwa propagieren eine wilde Mischung aus Technik- und Geschwindigkeitseuphorie, Anarchismus und Militarismus. Dazu gehört auch die Zerstörung der Sprache: *Zang Tumb Tumb* (1914), so der programmatische Titel des berühmtesten Werks von Filippo Tommaso Marinetti, Begründer des Futurismus.[200] Dem Absurden huldigt auch Marcel Duchamp, Vorbild Andy Warhols und anderer Pop-Art-Künstler: 1917 stellt er ein (mit einem Pseudonym) signiertes Urinoir ins Museum und erklärt sein »Readymade« zur (Anti-)Kunst.[201] Der Dichter André Breton wiederum erfindet in den 1920er Jahren mit seinen »automatischen« Texten, die eine delirierende Traumlogik imitieren, die Poesie des Surrealismus.[202] Kein »Null und Eins« weit und breit. **Kein Problem, keine Lösung, nirgends.** Die Avantgarden des ersten Drittels des 20. Jahrhunderts reagieren auf ein Universum, dessen Gewissheiten erschüttert sind, dessen Sinnhaftigkeit in tausend Scherben zerbrochen ist: vom Krieg, von neuen sozialrevolutionären Ideen, von der Entdeckung des Unbewussten, der Relativitätstheorie. Die entzauberte und entzaubernde, fragmentierte

Moderne hat den Glauben an das Schöne, Wahre und Gute verloren. Jetzt schreit die Kunst nach der Schönheit des Disparaten und Dissonanten. *Absurd* lautet die neue Werkkategorie. Eine, die die Grenzen zwischen Kunst und Leben sprengt. »Negation der Synthesis wird zum Gestaltungsprinzip«, fasst Theodor W. Adorno (1903–1969) den Angriff auf das ästhetische Ideal eines organischen Ganzen zusammen.[203] Das Merkmal der Avantgarde – und von moderner Kunst und Literatur allgemein – ist aber nicht die Sinnverweigerung; vielmehr geht es darum, einen möglichen Sinn »ironisch« in der Schwebe zu halten, ihn aufzuschieben, zu verschieben, mit ihm zu spielen.

Was das Absurde vor gut hundert Jahren im Bereich der Kunst bewirkte, ist das, was man heute kreative Zerstörung nennt: Disruption.[204] Wenn die Disruption ausbleibt, nicht den erwünschten innovationsträchtigen Schock herbeiführt und Unsicherheit sich breitmacht, weiß man nicht mehr weiter. Unzählige (meist männliche) »Entscheidungsträger« wollen heute den Schlummer verblödeter Vernunft stoppen. Doch die computer-logisch bedingte, über Jahrzehnte verschleppte, chronische geistige Versteifung hindert sie daran. Also geht man mit Disruptionen um wie mit allen Unvorhersehbarkeiten: Man versucht sie zu »managen«, in kontrollierten Bahnen ablaufen zu lassen. Man verordnet Bar-Camps, Boot-Camps, World Cafés, Zukunftswerkstätten. Man fordert mehr »Ambiguitätstoleranz« – und heuert etablierte Experten oder Beraterinnen an.[205] **Man wünscht sich mehr Leidenschaft, Flexibilität, Mut von sei-**

nen Teams – und kann selbst nicht loslassen. Loslassen, das hieße ja: die Kontrolle verlieren. Anderen Leuten oder gar der Situation selbst das Ruder übergeben. Verletzbar, *weich* werden. Die totale Anarchie!

Was für viele Unternehmen gilt, gilt genauso für die Politik, für soziale Institutionen, Universitäten und andere Bildungseinrichtungen. In Organisationen mit Funktionärsmentalität, wo sich die verblödete Vernunft mit hierarchischen Strukturen zu einer sicherheitsfanatischen, agilitätsfeindlichen Interessengemeinschaft zusammenschließt, haben es die *Wachen* schwer. Im Normalfall sowieso, aber auch wenn es um Krisenbewältigung geht. Querdenkerinnen werden so lange vom Äther habitualisierter »Prozesssteuerung« (Annegret Kramp-Karrenbauer) betäubt, bis sie ins Koma sinken. Neue Ideen werden erst umgesetzt, wenn sie tausend Gremien durchlaufen haben. Wenn sie alt und unbrauchbar sind. Wahre Neuerungen kommen seit je meist von außerhalb der großen, mächtigen Institutionen. Von Künstlerinnen, Wissenschaftlern und anderen Kreativen, die mit Sinn für das Paradoxe, Mehrdeutige und Absurde gegen den Strom der Logik schwimmen. »Der intuitive Geist ist ein heiliges Geschenk und der rationale Verstand ein treuer Diener«, schrieb Albert Einstein (1879–1955). »Wir haben eine Gesellschaft geschaffen, die den Diener ehrt und das Geschenk vergessen hat.«[206]

Die Nase im Frühstück

Absurdes lässt sich nicht managen, ebenso wenig wie Kreativität und Innovation. Es konfrontiert uns mit uns selbst, dem intimsten Inneren unserer Menschlichkeit, auch mit unserer Unzulänglichkeit. Mit dem, was uns die computer-logische Norm versagt zu sein, was dem mechanistischen Selbstbild widerspricht: unserem einzigartigen *Wer*. Das Absurde entblößt uns. Es reißt einem die schützenden Konventionen vom Leib.

Jede Existenz ist einzigartig, jede ein Fulltimejob. Permanent plant und schafft der moderne Mensch. Er baut auf, an, um. Er will der Welt seinen Stempel aufdrücken. Zum Beweis, dass er da ist und sein Leben einen Sinn hat. Und doch hat er diese skeptischen, zweiflerischen Anwandlungen: Wie viele Ihrer Ziele und Träume werden Sie erreichen? Worum kämpfen, was auf sich zukommen lassen? – Wir wissen um unsere Verletzlichkeit. Auch der beste Algorithmus kann den Tod nicht verhindern. Es gibt Lebensversicherungen, aber (noch) keine Versicherung gegen den Tod. Zwar können Sie beschließen, ein besserer Mensch und Partner zu werden. Beschlüsse aber schützen nicht vor Absurdität. Sie können sich rauf und runter coachen lassen – und trotzdem an Krebs erkranken. Oder ein Bein verlieren. Der Clash von Realität und Erwartung ist unvermeidlich. Heute, morgen, in zehn Jahren, irgendwann. Ja und? Die Erfahrung des Unvorhersehbaren und Verstörenden gehört zum Leben, genau wie der Sinn.

Obwohl der moderne Mensch eine ganze Weltgeschichte voller irrationaler Volten hinter sich hat und wohl auch die »Postfaktizität«[207] überleben wird, hat er sich noch immer nicht an das Absurde gewöhnt. Die krasse Kluft zwischen den eigenen Annahmen über die Welt und der Welt, die sich nicht um diese Annahmen schert, harmoniert nicht mit dem computer-logischen Maßnahmenkatalog. Die Kluft soll geschlossen werden, auf die heroische Tour: Entweder man versucht die Realität den eigenen Erwartungen anzupassen (»Mit meiner Resilienz kann ich alles schaffen!«) oder seine Erwartungen der Realität (»Du brauchst eine Therapie!«).

Auch Albert Camus (1913–1960) war Fan des großen Entweder-Oder.[208] Seiner Meinung nach kann man sich in einer absurden Welt nur *entweder* umbringen *oder* rebellieren. Der Philosoph schlägt sich auf die Seite der Revolte: »Der Kampf gegen Gipfel vermag ein Menschenherz auszufüllen.«[209] Camus stilisiert den Felsbrocken rollenden Sisyphos zum Bild des existenzialistischen Helden. Aber es ist ein mechanistisches, reaktionäres Bild, das die variationslose Wiederkehr des Gleichen beschwört. Die Welt ist absurd, weil sie unsere Sinnerwartung enttäuscht, meint Camus. Das Leben schert sich einen Dreck um uns und unsere Erwartungen. Es interessiert sich nicht dafür, ob wir »gute Menschen« sind oder nicht. Was passiert, passiert. Kann sein, dass Camus eine andere Welt für möglich hält, eine, die uns nicht enttäuschen würde; eine sinnvolle, logische, widerspruchsfreie Welt. Doch wer kann ausschließen, dass nicht auch in dieser anderen Welt massive Zweifel grassieren? In Wahrheit ist es nicht die Realität, die uns das Leben schwer macht. Wir selbst sind es. **Das »Problem« liegt nicht in der Kollision zwischen Erwartung und Welt, sondern darin, dass da etwas in uns selbst aufeinanderprallt.**[210]

Wir leben unser Leben von einem Standpunkt der Ernsthaftigkeit und Fraglosigkeit aus. Würden wir Job, Partner, Kind und Freunde nicht ernst nehmen, wären wir bald arm und einsam. Allerdings können wir eben jederzeit auch einen anderen Standpunkt einnehmen: den des tiefgehenden Zweifels. »Diese beiden unvermeidlichen Perspektiven kollidieren in uns, und es ist dies, was das Leben absurd macht«, so der amerikanische Philosoph Thomas Nagel[211] (*1937). Angesichts von Tod, Elend, Ungerechtigkeit in der Welt muss man fast am Sinn des Ganzen (ver)zweifeln – und was tut man? Man verzehrt Tag für Tag sein Frühstücksbrot und lebt einfach weiter. So als wären alle Fragen geklärt. Als ginge es nur darum, seine Nase zu behalten, nicht aufzufallen und jeden einzelnen Tag in der Normschublade zu versenken. Das klingt nicht nach gutem Leben. Das klingt absurd. Und eröffnet die Frage, wie sich jene beiden Standpunkte versöhnen lassen.

Die Kunst zu existieren

Das Absurde ist kein Hindernis für ein gutes Leben, sondern sein vielleicht wichtigstes Element. Das Leben hat keine Kommentarspalten. Es ist ein Text ohne Untertitel, Subtext. Leben *ist*. Es verlangt unsere volle Aufmerksamkeit und Achtsamkeit – die Gegenwärtigkeit (→ Epilog), im Unsinn einer Situation sich selbst neu zu entdecken: als verletzliches und kreatives Lebewesen, das fähig ist, die dicke Kruste verblödeter Vernunft aufzusprengen und sich mit anderem und anderen neu zu verbinden. Die menschliche Existenz ist merkwürdig. Sie gleicht mehr einem Werk Kafkas als einer wissenschaftlichen Abhandlung. Im Zimmer jenes imaginären Vertreters, der zum Ungeziefer mutierte, fehlt der allwissende Erzähler, die letztgültige Erklärung – im Leben auch. Im Leben geht es nicht um Logik, genauso wenig wie in einem Werk eines Avantgardekünstlers. Es geht um Gestaltung. Kafkas *Verwandlung* ist nicht in die Literaturgeschichte eingegangen, weil sie die Vernunft beleidigt, sondern weil die Absurditäten der Geschichte – paradoxerweise – ein stimmiges Kunstwerk ergeben: »Wahrhaft eines der Rätsel von Kunst, und Zeugnis der Gewalt ihrer Logizität ist, daß jegliche radikale Konsequenz, auch die absurd genannte, in Sinn-Ähnlichem terminiert«, so Adorno.[212]

Wir halten das Absurde für ein Problem – dabei existiert es überhaupt nicht! Genauer: Das sogenannte Absurde existiert nur für menschliche Lebewesen. Nur Menschen müssen ständig nach Sinn, Bedeutung, Logik, Transparenz suchen. Tintenfische und Hamster nicht. Die Existenz eines Hamsters ist nicht absurd. Ein Hamster macht sich keine Sorgen wegen der Miete oder seines defekten Sprunggelenks. Ein Hamster ist nicht frei, mal einen Schritt zurückzutreten und sein Leben von der Metaebene zu betrachten. Sie, ich und die meisten anderen Erwachsenen schon. Sie sind weder ein Kleintier, noch sind Sie Sisyphos. Sie müssen nicht in den Spiralen verblödeter Vernunft enden. Sie können eine kritische Distanz zu den alltäglichen Konditionierungsprozessen einnehmen, all den ordentlichen computer-logischen Normen und Konventionen, die Ihnen permanent signalisieren, was alles geht und was nicht, was sein muss und angeblich nie anders sein kann. Die menschliche Hardware, Hirn und Herz, ermöglicht es Ihnen, einen Schritt zurückzutreten und festzustellen: Diese Welt ist kein Reich logischer Notwendigkeit, in dem Null und Eins, Ursache und Wirkung regieren. **Sie, ich, wir alle befinden uns in einer kontingenten Welt. Und »kontingent« heißt: Was jetzt so und so ist, könnte auch ganz anders sein. Zufällig. Überraschend. Bunt.** »Die ›A verursacht B‹-Denkweise ist eindimensional und linear, während die Realität mehrdimensional und nicht linear ist«, bemerkt der britische Naturwissenschaftler James Lovelock.[213] Alles fließt und bewegt sich in diesem Universum, und wir schwimmen mit.

In einer kontingenten Welt ist das sogenannte Absurde kein zu bewältigendes Problem, sondern eine Gegebenheit, aus der ein gutes, gelungenes, sinnvolles Leben werden kann. Wie das geht, dafür gibt es keine Gebrauchsanweisung. Man muss einfach kühn in die Welt reingreifen. Man muss sich die Hände schmutzig machen. Die Ungereimtheiten, Schnitte, Zufälle, Schocks, Katastrophen, Ereignisse, Sensationen des Lebens sind nicht einfach bloß ungerecht. Sie können einen, wie Avantgardekunst, auch davon abhalten, Berechenbarkeit mit Sinnhaftigkeit zu verwechseln. »Absurd« muss nicht »irrational« oder gar »katastrophal« heißen. Es kann auch »faszinierend«, »wunderbar«, »geheimnisvoll« bedeuten. Wann immer das Absurde auf den Menschen einstürzt, liegt es an ihm, wie er es betrachten will: mit bitterem Ernst? Oder mit den Augen eines Künstlers, einer Künstlerin?

Sinn ist Unsinn ist Sinn

Sie würden nicht erwarten, morgen als Insekt aufzuwachen. So was hat es noch nie gegeben! **Doch nur, weil etwas noch nie der Fall war, kann niemand garantieren, dass es nicht in Zukunft so sein könnte.** Zwar kann man an vergangenen Erfahrungen gewisse Gesetzmäßigkeiten ablesen, aber daraus folgt noch kein gültiger Schluss. Man bräuchte zusätzlich ein Induktionsprinzip,[214] das besagt, dass frühere Regelmäßigkeiten auch in Zukunft gelten. Dieses Prinzip der Induktion – der Schluss vom Einzelfall auf ein allgemeines Gesetz – aber bedürfte seinerseits einer Rechtfertigung, für die weitere Erfahrungen und Induktionen nötig wären (und so unendlich immer weiter). Logik ist nur eine Krücke. In der kontingenten VUCA-Welt ist alles möglich. Auf Sinn kann Unsinn folgen, auf Gewissheit Zweifel. Wieder und wieder im tiefsten Un-Sinn stecken zu bleiben, muss nicht schlecht sein. Im Gegenteil: Wann immer Sie das Gefühl haben, eine Situation sei absurd, müssen Sie sich nicht mit einem von zwei konträren Standpunkten zufriedengeben, Sie können auch zu einem dritten Standpunkt wechseln: Vernunft ist nur dann gleichbedeutend mit Logik, wenn man sie darauf festnagelt. Es ist eine Frage des Systems, in dem man sich bewegt. Das System der Computer-Logik mit seiner glatten, minimalistischen Null-und-Eins-Ästhetik kann mit Absurditäten nicht umgehen. Ein pragmatischer Geist (→ Kapitel 0) umso mehr. Nicht nur Künstler, auch Pragmatikerinnen besitzen eine gewisse kreative Anarchie. Sie akzeptieren die Offenheit, Unbestimmtheit und Vielschichtigkeit einer Welt, die wie sie selbst (ihr Wissen und Wirken) auf ein unklares Ziel zufließt; sie rechnen mit Zufällen und Überraschungen; sie revidieren immer wieder ihre Meinungen und Methoden; sie setzen nicht auf Berechnungen, sondern auf Experimente. Für Künstlerinnen wie für Pragmatiker ist die Welt Material und Werkzeug zugleich. Das künstlerische Ideal eines gelungenen Werks liegt wie die pragmatistische Idee objektiver Erkenntnis in der Zukunft. Nicht der Zeitpunkt eines Ergebnisses ist entscheidend, sondern der spannende Trial-and-Error-Prozess, der sich jetzt ereignet und irgendwann dorthin geführt haben wird.

Menschen erfinden Technologien – und Technologien erfinden Menschen. Die Einführung der Waschmaschine hat eine Spezies hervorgebracht, die glaubt, jeden Tag frisch gewaschene Jeans tragen zu müssen. Die Einführung des Computers hat Individuen hervorgebracht, die lieber mit cleanen Zahlen und coolen Tabellen operieren, als sich mit der Materialität der Welt selbst zu befassen. Wem die minimalistische Ästhetik[215] und die hohe Rechenkompetenz von Apple-Geräten als paradigmatischer Hygienestandard gelten, für den müssen Absurditäten das Letzte sein. **Aber was, wenn alle Screens schwarz werden? Wenn das aseptische Gewebe, mit dem Technologie das Universum überzogen hat, plötzlich zerreißt?** Wenn das Unerwartete, Unbegreifliche, Entsetzliche alle dogmatischen Gewissheiten beschmutzt und in den Abgrund zerrt? **Dann zeigt sich, was vom guten Leben bleibt.**

Was wir als absurd wahrnehmen, könnte auch der Beginn eines einzigartigen Abenteuers sein. Angenommen, Ihr Leben würde maximal konsistent verlaufen. Alles, was Sie je wünschten und planten, würde eintreffen. Sie würden zum besten Zeitpunkt den perfekten Job finden. Ihre Kinder würden völlig problemlos exakt nach Plan zur Welt kommen. Ihre Chefs wären alle empathisch und integer. Nie würde Sie zu Urlaubsbeginn die Grippe plagen – alles käme genau so, wie erwartet. Wäre das ein »gutes Leben«? Natürlich nicht!

Ein gutes, glückliches, sinnvolles Leben (*eudaímonia*)[216] ergibt sich nur dadurch, dass man lebt, fühlt, denkt, tut. Die Eudaimonie ist nichts Gegebenes, sondern etwas immer erst zu Erreichendes. **Ein gutes Leben verlangt Gestaltungslust.** Eine gewisse Neugier auf Zufall und Kontingenz. Einen Pragmatismus, der Zweifel, Misserfolge, Katastrophen als Teil der *conditio humana* begrüßt, statt sie zu verdammen. »Nur für aussichtslose Sachen lohnt es sich zu kämpfen«, lautet eine Zeile aus einem alten Film.[217] Wer mit dem Absurden Frieden geschlossen hat, muss nicht mehr kämpfen, sondern kann spielen.

Das Absurditätsspiel zu spielen, bedeutet nicht, zum Zyniker oder Nihilisten zu werden, sondern mit Angstlust die Befreiung aus erstarrtem Denken, starren Konventionen, verhärteten Gewohnheiten zu wagen. Wenn man annimmt, dass der Sinn menschlicher Existenz in der spielerisch-experimentellen Suche nach diesem Sinn selbst liegt, dass die Eudaimonie das sogenannte Absurde ein- und nicht ausschließt, dann kann einem die Computer-Logik schon mal fremd werden. Dann mutiert das große Entweder-Oder selbst zu einem absurden Rätsel, das mindestens so misstönt wie Marinettis *Zang Tumb Tumb*.

Das Absurde ist keine Katastrophe – in ihm liegt die immer neue Chance auf ein gutes Leben. Die kleinste Absurdität ist eine Erinnerung daran, dass nicht alles besser, aber immer alles anders wird. Im Umgang mit dem Absurden helfen weder Dogmatismus noch Verzweiflung. Es gibt nichts Spannenderes, nichts Geheimnisvolleres als das Leben. Weil es schrecklich verletzlich machen kann – und überwältigend menschlich. »Eine Unmenge an Dingen, die es über unser Universum zu erfahren gilt, ist verstehbar, aber eine unbekannte und wahrscheinlich viel größere Menge ist absolut nicht beschreibbar, und, wie auch heute, werden wir niemals alles verstehen«, schrieb der britische Wissenschaftler James Lovelock 2019. Mit 99 Jahren.[218] Ist das nicht wunderbar?

>Alles Denken ist ein Divinieren,
aber der Mensch fängt eben erst an, sich seiner
divinatorischen Kraft bewusst zu werden.«

FRIEDRICH SCHLEGEL

8 Umkehr zur Zukunft

Ein neues Jahrzehnt ist angebrochen. Doch niemand begrüßte die – rein optisch – eindrucksvolle Zahlenreihe 2020 mit Applaus. Von Euphorie nicht viel zu spüren. Zwar gibt es in Berlin nun ein »Haus der Zukünfte«, das »Futurium«,[219] in dem man visionäre Lebensmodelle entdecken und ausprobieren kann. Doch wer hat gerade Lust auf Visionen? Während ich dies schreibe, im März 2020, wird das Coronavirus zum alles beherrschenden Thema. Flüchtlingsdrama, Klimawandel und Rechtsextremismus müssen warten, wenn Live-Blogs und soziale Medien von ausverkauftem Toilettenpapier künden. Gerade noch lief das Chaos der Welt durch das adrette Raster des Cyberspace.[220] Gerade noch ergingen sich Feuilletonisten und Podcaster in schlauen Reden über »die neuen Zwanziger«.[221] Bis vor kurzem wirkte »2020« eher wie Markenname als wie ein Abschnitt innerhalb der realen Zeit. Ein Label, so wie die Erfolgsserie *Babylon Berlin*, die ausgewählte Motive der Jetztzeit – Populismus, Identitätsdebatten, Finanzkapitalismus – so lange mit dem Aromaöl des Storytelling beträufelte, bis sie den Duft der 1920er Jahre verströmten. *Babylon Berlin* war eine pseudohistorische Zeitkapsel, in der man sich geborgen fühlen durfte wie ein Embryo in der Fruchtblase.

Nicht nur Sascha Lobo erwartete den »Realitätsschock« in der virtuellen Zukunft. Prepper stockten am Beginn dieses neuen Jahrzehnts ihre Vorräte an Waffen, Nahrungsmitteln, Schutzkleidung auf; die EU verbarrikadierte ihre Außengrenzen; Trump baute seine Mauer. Man sah Gretas ernstes Kindergesicht, verfolgte die Börse und berechnete Risiken. Man verspürte Angstlust. Aber wer hätte gedacht, dass ein Virus binnen zweier Monate die hypermobile Welt, in der zwei Millionen Menschen täglich den Flieger nehmen, in eine kollektive Lähmung zwingen würde? Mit 9/11 begann eine »hyperreale Ära«, die immer neue Bildschirm-Klone der Wirklichkeit erzeugte und sie in ihrem penetranten Breaking-News-Modus gleichsam einfror. Mit Corona scheint diese Zeit vorerst vorbei. Eine Zeit, in der sich trotz der andauernden Aktualitäten anscheinend kaum etwas änderte. Kürzlich noch ließ sich die Welt wie eine ununterbrochene Serie konsumieren, wie ein kontinuierlicher und in der Dauererregung fast langweiliger Stream wechselnder Katastrophen. Der Zeit-Raum des Internets überwölbte das raumzeitlich strukturierte Gefüge historischer Abläufe. »Geschichte« versank im Meer der Storys. Alles geschah gleichzeitig, gegenläufig, gleichförmig. Gerade noch regierte eine hyperaktuelle, stetig »sich verbreiternde Gegenwart«,[222] die in frühere Jahrzehnte zurückreichte; die Vergangenheitsmodule wie Popsongs sampelte, um die gefühlte Unwirklichkeit der Jetztzeit mit kultigen Referenzen heimelig zu machen. »Wie Disneyland sieht

jetzt die Gegenwart aus: breit, bunt, etwas unübersicht-
lich und sehr voll«, schrieb der Romanist Hans Ulrich
Gumbrecht (*1948). »Die Vergangenheit in dieser Gegenwart, das sind […] Oberflächen, an denen man sich rei-
ben, und Kulissen, durch die man gehen kann.«[223] Es war
ein Jetzt, das gefühlt so weit reichte wie der Cyberspace.
In die endlose Zukunft einer unendlichen Vergangenheit. Im Jahr null von Corona scheint diese Erzählung
plötzlich passé. Ein brandneues, hoch ansteckendes
Virus hat in Lichtgeschwindigkeit die absurdeste aller
Disruptionen bewirkt. Plötzlich scheint Zukunft in die
»breite Gegenwart« einzubrechen.

Ein Virus geht viral

Alles passiert in diesem Augenblick. Die Verbreitung des
Virus reproduziert sich in Echtzeit im Netz. Die ganze
Welt ist infiziert. Ein Außerhalb der Situation scheint
es nicht mehr zu geben. Wo vorher zu viel »Netz« war,
ist jetzt zu viel Realität. Irrealität. Absurdität. Die Computer-Logik kommt kaum mehr mit. Sie zählt emsig
die Toten. Sie glaubt, mit Zahlen die Kontrolle (→ Kapitel 2) wiederzuerlangen – muss aber einen Systemfehler
nach dem anderen vermelden. Computer-Logik kennt
sich nicht mehr aus. Wo ist die Lösung? Null oder Eins,
schwarz oder weiß, richtig oder falsch? Die Vereindeutigung greift nicht. Die Unsicherheit lässt sich nicht
kontrollieren. Die breite Gegenwart wird schmal. Sie
verengt sich auf den wiederkehrenden Moment des Hän-

dewaschens, ein vorsintflutliches und zugleich hochaktuelles Programm, gegen die jede App mit ihrem innovativen, intuitiven Design alt aussieht. Im März 2020 hat die Computer-Logik ihren mächtigsten Gegner in einem unsichtbaren, potenziell tödlichen Etwas gefunden. Durch die Brille verblödeter Vernunft sieht man die Welt plötzlich gar nicht mehr gestochen scharf, sondern ziemlich verschwommen. Erfolg oder Scheitern, echt oder Fake, krank oder gesund? Selten schien die Widerspruchsfreiheit binärer Logik aussichtsloser als im März 2020 – selten krallte man sich so an ihr fest. Denn nun drängt, was man lässig VUCA nannte, wovor man sich aber eigentlich immer am meisten fürchtete, gewaltsam in den Vordergrund: das Vieldeutige, Paradoxe und Absurde. Wer weiß? Keiner weiß, was kommt. Kein Verlass auf Epidemiologen, Virologinnen, Ökonomen. Vielleicht ist es gar nicht Corona, sondern ein ganz anderes, noch gefährlicheres Virus, das dem »Fortschritt« einen Schlag versetzen wird. Einem Fortschritt, der längst nicht mehr wirklich glaubwürdig ist, obwohl sich weite Teile von Wirtschaft, Politik und Gesellschaft das Besser, Weiter, Schneller nicht abgewöhnen können. Vielleicht kann ja ein Virus bewirken, was Hunderttausenden Kriegs- und Klimaflüchtlingen bisher nicht gelungen ist: Reflexion. Innehalten. **Ein Bewusstsein für die Zerbrechlichkeit menschlicher Existenz. Einen Sinn für das Wir.** Eine Umkehr zur Zukunft?

Aber halt – auch das Alte ist noch neu. Auch wenn sie wenig konstruktiv ist: Die verblödete Vernunft, die sich in Milliarden Gehirne gefressen hat, strotzt noch immer vor Selbstbewusstsein. Sie scheint genauso von sich selbst überzeugt wie die Elite der Tech-Branche: *Ask forgiveness, not permission.* – »Frag nicht um Erlaubnis, entschuldige dich einfach hinterher«, heißt ein unter Nerds legendäres Motto.[224] Dahinter steht eine »Philosophie«, die ständig Lösungen für Probleme ausspuckt, von denen man nicht einmal wusste, dass man sie hat, und die in der behavioristischen Verhaltensformung mittels digitaler Technologien das Nirwana wittert. Zu ihren Anhängern zählt neben Mark Zuckerberg oder Larry Page auch der Informatiker und Psychologe Alex Pentland[225]. Für diesen Nachfolger B. F. Skinners[226] zählt freies, individuelles »Selbstdenken« gegenüber »sozialem Lernen« wenig: Gelernt werden soll durch den sozialen Druck, den der »Ideenfluss« innerhalb einer bestimmten Gruppe erzeugt.[227] Ziel ist es, dem Einzelnen neue Gewohnheiten anzutrainieren und so die Gesellschaft als Ganze zu »verbessern«,[228] das heißt kollektives Verhalten nach Marktkriterien vorauszuberechnen und zu steuern (und somit möglichst viele Daten aus möglichst vielen Bereichen des Alltags abzusahnen). Entschuldigen kann man sich ja hinterher. In Pentlands »Sozialphysik«[229] ist für Reflexion und Innehalten kein Platz. »Idee« wird dort als algorithmisch messbare Handlung definiert, die schnelle Antworten für die Optimierung menschlichen Verhaltens verspricht: »Eine Idee ist eine Strategie […] für instrumentelles Verhalten«, so Pentland.[230]

Sollte eine »Idee« nicht etwas anderes sein als eine »Strategie«? Sollte »Lernen« nicht etwas mehr sein als das

Nachäffen anderer? Pentlands »Philosophie« mag dumpf sein – die Philosophie als wissenschaftliche Disziplin ist auch nicht wirklich wach. Bei Pentland ist Innerlichkeit komplett outgesourct, an den Universitäten schützt man sie wie eine bedrohte Tierart. Immer noch werden Philosophen dazu ausgebildet, allgemeingültige Aussagen über die Wirklichkeit zu treffen, ohne mit ihr in Berührung zu kommen.[231] Das System verordnet ihnen, sich mittels Theorielastigkeit vor möglichen Ansteckungen durch Künstliche Intelligenz, Klimawandel, Flüchtlinge, politischen Extremismus und vor dem Leben überhaupt zu schützen. So verharren sie, solange es geht, brav im Zustand der Selbstverkapselung, in dem jede menschliche, technische, tierische Störung streng untersagt ist. Schade. Und schlimm. Wer nur »reflektiert«, um sich in der eigenen Systemimmanenz zu räkeln, kann kaum dazulernen. Kaum etwas anderes sehen und verstehen als das schon Gewusste.

Aus Norbert Wieners Einsicht, dass wir nie die richtigen Antworten auf unsere Fragen erhalten werden, wenn wir nicht lernen, die richtigen Fragen zu stellen,[232] spricht die Hoffnung auf die »richtigen Fragen« der Philosophen. Solange die sich aber weigern, ihre Abstraktionen von den Widersprüchen und Mehrdeutigkeiten des konkreten Lebens kontaminieren zu lassen und den Widerstand gegen Zufall, Irrtum und Experiment aufzugeben, haben die Propagandisten schneller, vereindeutigender Lösungen Oberwasser. So lange sich die Profidenker hinter ihrer akademischen Expertise verschanzen, kommt ihr Denken dem sich selbst bestätigenden Dogmatismus verblödeter Vernunft gefährlich nahe. »Den Wahrheiten der Philosophie mangelt die Notwendigkeit«, bemerkte einst der französische Philosoph Gilles Deleuze. Wichtiger als der theoretische Gedanke ist das, »was zu denken gibt«.[233] Das von außen einbrechende Ereignis. Ein Eindruck, der zu sehen zwingt. Eine Begegnung, die sprachlos macht. Eine Umkehr zur Zukunft. **»Was zu denken gibt«, reißt uns aus der Dumpfheit. Es macht uns wach.**

Die Theorie-Praxis-Kluft

Waches Denken, das eigenes und fremdes Selbstdenken fördert und vernetzt, ein individuell-soziales Lernen wider die Computer-Logik, ist nicht nur möglich, es ist jetzt auch absolut notwendig. Zu lange waren die Kompetenzen durch die Starrheit des Entweder-Oder getrennt. Ende der 1950er Jahre diagnostizierte der britische Wissenschaftler und Schriftsteller C.P. Snow (1905–1980) eine binäre Kluft zwischen Naturwissenschaften und Geisteswissenschaften.[234] Er schrieb von zwei gleichermaßen spezialisierten und dadurch verarmten Kulturen, die einander fremd gegenüberstünden, statt kreative Dialoge zu wagen. Heute sitzen alle in siloartigen Kompetenzblasen. Jeder ist ein Spezialist, eine Expertin, alle haben *ein* Thema. Die Politik! Den Feminismus! Die Rettung der Weltmeere! Wer ein Thema hat, kann nicht auch noch andere haben, sonst gehen die Denkschubladen plötzlich nicht mehr zu. Eine besonders interessante Kluft besteht zwischen ökonomischer Praxis und philosophischer Theorie. Auf der einen Seite stehen »Prozessoptimierung«, »Cluster« und »Cashflow« – auf der anderen »hermeneutischer Kontext« und »gutes Leben«. Die einen plagen sich mit Bilanzen, die anderen mit Texten berühmter toter weißer Männer. Entweder Anzug und Nikes – oder Strickjacke im Lesesaal. Die Welt der Wirtschaft und die Welt des Geistes verhalten sich zueinander wie das Hologramm eines Einhorns zu einem Schraubenschlüssel. Gar nicht.

Die Digitalisierung hat diese Kluft nicht verringert, nur verdeckt. Menschen aus Philosophie oder Literaturwissenschaft mögen sich noch so sehr auf Zweckfreiheit oder eine gewisse, über alles erhabene »gesellschaftliche Relevanz« kaprizieren, auch ihre Profession ist längst von den Gesetzen ökonomischer Maximierung durchdrungen: Auch sie müssen ihre Erfolge *raten* und *ranken* lassen (→ Kapitel 2); auch sie können keinen Schritt tun, keinen Gedanken fassen, ohne Google und Facebook Informationen über ihr Tun und Nicht-Tun zu liefern. Die Business-Kultur beansprucht die Zukunft in Form von Big Data und Künstlicher Intelligenz für sich. Entschuldigen kann man sich ja hinterher. Die Philosophie tut dagegen so, als könnte sie ihren tradierten Status halten, ohne ihr ohrensesseliges Selbstverständnis reformieren zu müssen. In einer Welt, in der unendlich viele Experten und Expertinnen mit je einem Thema Deutungshoheit für sich beanspruchen – Autokraten, Investmentbanker, Epidemiologen, Beauty-Influencerinnen, Frauenrechtlerinnen … –, ist die Stimme der Philosophie zu einem leisen Fiepen herabgedimmt. Dabei gäbe es so viele »richtige Fragen« herauszuschreien: Was bedeutet es für die Philosophie, wenn Intelligenz künstlich wird? Wenn philosophische Begriffe längst umfassend neu interpretiert und angeeignet sind; wenn »Idee« nicht »(reflexiver) Gedanke« meint, sondern »Verhaltensstrategie«, und »Engagement« nicht auf Ehrenamt, Literatur oder Bühnenkunst verweist, sondern auf ein bestimmtes Maß an Interaktion mit Websites und Apps? Das wären keine theoretischen Fragen. Sondern Fragen mit Praxisbezug, die sich Instantlösungen verweigern.

Lange war der Austausch zwischen ökonomischer Praxis und philosophischer Theorie auf ein Minimum beschränkt.[235] Im März 2020 schließt sich die Kluft. Philosophen, die gerade noch über »nichtreduktiven Materialismus« brüteten, müssen jetzt Online-Offensiven starten. Unternehmer, die eben noch elanvoll Strategien implementieren wollten, müssen jetzt reflektieren. Wie soll das Soll der Zukunft aussehen? Was wird das Haben bedeuten? Theorie braucht Praxis – und Praxis Theorie. Die Zukunft beginnt jetzt.

Die Covid-19-Welt wirkt wie ein Roman von Kafka. Unbegreiflich. Unausdeutbar. Absurd. Voller rätselhafter Symbole. Die Überflussgesellschaft hortet Nudeln, und über Italien hängt ein »Geschlossen«-Schild. Und auf einmal ist auch die europäische Freizügigkeit verschwunden. Die Erde hat sich in eine Art »offenes Kunstwerk« verwandelt, in dem, wie Umberto Eco (1932–2016) schreibt, »an die Stelle einer nach allgemeinen Gesetzen geordneten Welt eine auf Mehrdeutigkeit sich gründende getreten ist, sei es im negativen Sinne des Fehlens von Orientierungszentren oder im positiven einer andauernden Überprüfbarkeit der Werte und Gewissheiten«.[236] Den meisten Menschen muss diese Situation unheimlich vorkommen. Für einen Künstler, eine Künstlerin aber ist sie normal. Eine Künstlerin kann die Welt »offen« für alle Möglichkeiten, alle Interpretationen betrachten. Sie kann jede Situation als Co-Kreateurin in ihr Schaffen einbeziehen. Chaos kann schön sein. Man kann dem Unbegreiflichen – wie dem Leben selbst – eine Form geben (wie absurd und unvollkommen sie auch sein mag). Das Offene, Unbestimmte, Bruchstückhafte wurde schon um 1800 zentrales Motiv der Gegenwartskunst. Der sogenannte »romantische Geist«[237] war ein Feuerwerk aus Fantasie und »Möglichkeitssinn«[238]. Vielleicht ist dieser Geist ja das, was – neben pragmatischer Experimentierlust – das neue Jetzt braucht. Offene, unperfekte, fantasievolle Lösungen. Offenheit für ein konstruktives Zusammenspiel von Theorie und Praxis. Aber wie? Und was würde das bringen?

Wachmacher Universalpoesie

»Der Nutzen ist das große Idol der Zeit«, heißt es bei Friedrich Schiller[239] (1759–1805). In der Folge von Französischer Revolution und Aufklärung wenden sich die Klassiker und Frühromantiker gegen die aus Vernunft geborene Zweckrationalität: Friedrich Schlegel (1772–1829) und Novalis[240] (1772–1801) wollen das Leben nicht bilanzieren, sondern »romantisieren«. Kunst muss kein starr umgrenztes Genre sein. Sie kann auch Leben, Ereignis bedeuten,[241] überall und jederzeit sein. In diesem Sinne plädiert Schlegel in seinem *116. Athenäums-Fragment* für eine »progressive Universalpoesie«, die »alle getrennten Gattungen« wieder vereint, die »das Leben und die Gesellschaft poetisch machen« soll.[242] Es gilt, das Geheimnisvolle im Normalen neu zu entdecken, das Schöpferische im Mechanischen, das Absurde im Nützlichen, das Irrsinnige im Vernünftigen. Die Grenzen zwischen Logik und Fantasie sollen fallen. Spießiges Spezialistentum und idiotische Arbeitsteilung dürfen nicht verhindern, was Gesellschaft sein könnte: ein zauberhafter Freiraum voller genialer Möglichkeiten. Ein universeller Lernraum.

Rund zweihundert Jahre später fehlt Universalpoesie (noch immer) an allen Ecken und Enden. Das neue Jetzt bräuchte poetische Lernräume als Freiräume, wo aus alt und neu, Theorie und Praxis eine Art zweckmäßige Zweckfreiheit werden kann. Ein zweckfreier Zweck? Möglich und nötig sind Orte des Denkens, Fühlens und Handelns, in denen Lernen keiner behavioristischen Maßregelung unterliegt. Nicht nur an Schulen und Universitäten, auch in Unternehmen, Familien, Freundeskreisen. Offenheit entsteht nicht per Dekret. Notwendig ist eine nonkonformistische Haltung von Lernwilligen, die sich mit ihren Ideen befeuern und gegenseitig anstecken. Jenseits des Elfenbeinturms; jenseits auch des marken- und marktbewussten Think-different-Blabla,[243] das Individualität zum Must erklärt.

Wach lernt immer anders. Wer in einer »breiten Gegenwart« aufgewachsen ist, macht keinen Unterschied zwischen Text und Kontext, Theorie und Praxis. Für unter Dreißigjährige etwa ist »Geschichte« nur eine weitere Referenz, die man verlinken und taggen kann. Eine Zwanzigjährige nutzt das Netz als eine Art Verlängerung ihrer selbst,[244] als Wohnzimmer, Skatepark und Klub. Das Netz ist ihr Hirn und Heim in einem. Wenn sie *wach denkt*, schlägt sie nicht unbedingt ein Buch auf. Eher improvisiert sie einen Weg, sich im digitalen Dickicht von Wissen und Ignoranz zu orientieren. Wenn eine Zwanzigjährige, die sich qua Studium etwa auf Programmiersprachen und Künstliche Intelligenz versteht, ihren Horizont auch in andere Richtungen erweitern will, stößt sie vielleicht zufällig auf das *116. Athenäums-Fragment.* Statt tonnenweise Sekundärliteratur zu wälzen, wird sie dieses »Bruchstück« pragmatisch wie ein Tool nutzen, an dem sich ihr technisches Können reibt. Um ihre Expertise zu »romantisieren«. Und um diese Erfahrung mit anderen zu teilen. Man kann eine solche rotzfreche Aneignung als Affront gegen die traditionelle Vorstellung von Bildung, Lernen und Wissen verstehen. Man kann aber auch sagen: Genau das ist waches Denken. Hier denkt kein Lehrplan, hier denkt auch keine »Frau« (→ Kapitel 4), hier denkt ein eigener Kopf. Das ist nur ein Beispiel. Ich glaube, es gibt sehr viele solcher Beispiele. Und wir brauchen viele solcher Beispiele. Sie sind notwendig für eine Umkehr zur Zukunft. »Heute« ist immer eine Zeit, die sich selbst noch nicht so richtig begriffen hat. Und das gilt erst recht für die Zukunft.

Mein universalpoetischer Traum wäre ein von Dogmen freier, vorurteilsloser Raum, in dem sich philosophische Theorie und ökonomische Praxis, Ich und Wir, Gemeinschaft und Gesellschaft²⁴⁵ stürmisch begrüßen. Ein Freiraum, aus dem irgendwann neue Maßstäbe für das Wahre, Schöne und Gute, ein neuer Kanon (neue Kanons?) entstehen können. Etwas Unerhörtes, Unvorstellbares, Erträumtes, Niedagewesenes. Eine humane Gesellschaft. Ein neuer Kosmos aus Argumenten und Atmosphären, Logik und Leidenschaft, Spiel und Ernst, Hirn und Herz. Dieser Raum, der mir vorschwebt, ist gar nicht so weit weg. Tatsächlich befindet er sich in unserer unmittelbaren Nähe. Er sitzt direkt zwischen unseren Schultern. Es ist unser Kopf. Wir müssen ihn nur betreten, seine Hirnregionen mit Angstlust erkunden – und die Tür zu unserem Herzen finden.

»Wenn möglich, bitte wenden«

Krisen, Katastrophen und Ungewissheit gehören seit jeher zur Menschheitsgeschichte. Unübersichtliche Situationen enthalten immer ein Potenzial, das sich kreativ nutzen lässt. Wie der Taoismus schon vor Jahrtausenden zeigte, können sich die Dinge fügen, wenn man eine Situation darin unterstützt, sich still und leise selbst zu wandeln – statt sie auf heroische Art aktionistisch-lösungsorientiert zu manipulieren. Die Bedeutung dieses »Situationspotenzials«²⁴⁶ ist nicht zu unterschätzen. Gerade noch fragte man sich heimlich (vielleicht zum ersten Mal in der Geschichte), ob man trotz seiner ganzen vorausberechnenden computer-logischen Schläue nicht doch irgendwann zu dumm für die Zukunft sein könnte.[247] Man fürchtete sich vor einer unbeherrschbaren künstlichen Hyperintelligenz, dem Eintritt der technologischen »Singularität« – also jenem Punkt in der technischen Entwicklung, an dem sie sich derart beschleunigt, dass alles Weitere nicht mehr vorhersehbar ist. Könnte die Ankunft der »Cyborgs«, deren hyperintelligentes Hirn »für einen von uns so schwer zu verstehen ist wie die Komplexität unserer Welt für einen Hund«,[248] den Menschen zu einem Wesen zweiter oder gar dritter Ordnung machen?

Die Corona-Situation hat dieses Szenario erst mal weggefegt. Die Verwirklichung expansiver (bio)technologischer Alpträume scheint in weite Ferne gerückt. Im März 2020 sind Flüge tabu, die Bewegungsradien auf ein Minimum zusammengeschnurrt. Aber auch in einer geschrumpften Welt liegt ein Situationspotenzial. Es ist die Chance zur Reflexion. Während wir in unserer Homeoffice-Kammer hocken und wehmütig auf jenen »Fortschritt« zurückblicken, der so toll günstige Urlaube, Medikamente, Klamotten, Lieferdienste mit sich brachte, könnte plötzlich unser Hirn erwachen – und den computer-logischen Schlummer beenden.

Jede Krise bringt das Potenzial zur Einkehr und Umkehr mit sich – zu einer *Metanoia*[249]. Im Altgriechischen meint der Begriff (hergeleitet von *meta*: jenseits und *noein*: denken) eine grundlegende geistige Veränderung, eine Neuorientierung im Denken, eng verbunden mit *Kairos*, dem günstigen Moment, der guten Gelegenheit. Das frühe Christentum verstand unter *Metanoia* Buße und Umkehr. *So sorry!* (→ Epilog). In dem Wort schwingt Reue über Versäumnisse mit (hätte man mal vorher um Erlaubnis gefragt …). In einer inneren Umkehr liegt eine ungeheure verwandelnde Kraft. Sie verändert das Denken, Fühlen und Handeln. **Die alte Lebensweise, die alte Perspektive auf die Welt löst sich quasi auf, um etwas radikal Neuem zu weichen: der Erkenntnis, dass alles immer wieder anders wird, dass Menschen nicht nur immer andere sein müssen, sondern es auch können. Weil sie es wollen.**

»Wenn möglich, bitte wenden«, raten die Navigationssysteme, um uns darauf aufmerksam zu machen, dass wir uns verfahren haben. Es gibt immer einen Ausweg. Auch aus der Sackgasse veränderungsresistenter Unfehlbarkeitsdogmatik. Wenn der Mensch in der Fortschrittsquarantäne plötzlich sein Herz neu entdeckt, könnte auch sein Hirn erwachen. Es könnte sich aus einem rational-irrationalen Denken befreien. Einer Logik, die blitzschnell Vieldeutigkeit in Eindeutigkeit übersetzt und nur Entweder – Oder zulässt. Die verblödete Vernunft legt ihre Scheuklappen ab. Sie lässt sich mit Zweifeln, Einsprüchen, Experimenten infizieren.

Die innere Umkehr bringt die Vernunft auf ein ganz neues universalpoetisches Level. Mit dem Thriller des Absurden, der Kontingenz-Komödie, dem Drama der Angstlust, dem Musical vom weichen Helden, dem Theorie-Praxis-Adventure und der Romanze von Hirn und Herz. To be continued. Was möchten Sie hinzufügen? Worin besteht Ihr notwendiges *Soll*?

Niemand weiß, was kommt. Die Zukunft braucht den Menschen nicht. Aber der Mensch braucht die Zukunft. Ohne sie kann er nicht leben, auch wenn er vielleicht zu dumpf, zu schwach, zu verletzlich für sie ist. Dann braucht er sie erst recht, weil nur so die Chance zu immer neuen Einkehr- und Umkehr-Momenten besteht, die ihn bestenfalls klüger und humaner machen. Wir stehen nicht am Ende der Zeiten, sondern immer an einem Anfang. »Ich weiß, dass ich nichts weiß« – ein guter Zeitpunkt, um diesen Satz des Sokrates aus der Mottenkiste zu holen.

»Doch ist, so fürchte ich, die Wahrscheinlichkeit
weitaus größer, dass jemand kommt und uns sagt, es
sei ihm egal, jede Gesellschaft wäre ihm gut genug.«

HANNAH ARENDT

Epilog: Drei Un-Tugenden

May You Live in Interesting Times (»Mögest du in interessanten Zeiten leben«), so lautete 2019 das Motto der ve-
nezianischen Kunst-Biennale.[250] Es zitiert einen uralten
chinesischen Fluch – den es nie gab, der sich aber aufgrund seiner vermuteten Aura bei Schriftstellern und
Rednern lange großer Beliebtheit erfreute.[251] Biennale-
Kurator Ralph Rugoff sieht darin nicht nur die Gefahren allgegenwärtiger »alternativer Fakten« verkörpert;
der rhetorische Fake verweist für ihn auch auf die Ei-
genschaft moderner Kunst, sich jedem Entweder-Oder
zu entziehen. Künstlerische Werke können tiefsitzende
Denkmuster aufbrechen, »multiple« Perspektiven er-
möglichen und die widersprüchlichen Beschreibungen
der Welt, in der wir leben, offenlegen und deutbar machen. »Vielleicht kann Kunst eine Art Wegweiser sein,
wie wir in ›interessanten Zeiten‹ leben und denken«, so
Rugoff.[252]

Ein Terroranschlag, ein Tsunami oder eine Pandemie
haben die Macht, unser Denken auszusetzen, um es auf
kreative Weise neu zu konfigurieren. Solche von außen
einbrechenden Ereignisse lehren, die Dinge anders zu

sehen, sie bewegen zur reflexiven Umkehr und erinnern unsanft daran, dass wir Menschen sind. Fehleranfällig. Unvollkommen. Verletzlich. Aufeinander angewiesen. Eine solche – freundlichere, weniger gefährliche – Macht können auch die von Malern, Literatinnen, Musikern, Schauspielerinnen geschaffenen Bilder, Worte und Atmosphären entfalten. Sie können als Augenöffner und Einsichtsbooster wirken. Leider reichen Einsichten allein als Wegweiser durch »interessante Zeiten« nicht aus. Die Computer-Logik wird sich nicht automatisch deinstallieren, nur weil allen plötzlich ein Licht aufgegangen ist. Zu vertraut, zu bequem und eindeutig sind den meisten die Paradigmen von Problem oder Lösung, Erfolg oder Scheitern, echt oder Fake, Mann oder Frau, als dass sie sich mal eben spontan davon verabschieden könnten. Die computer-logische Konditionierung kann wohl nur dann dauerhaft gelöscht werden, wenn sich Denkungsarten, Haltungen, Praktiken und Gewohnheiten durchsetzen, die die herrschsüchtigen theoretischen Voreinstellungen und Bestätigungsfehler verblödeter Vernunft überflüssig machen. **Wenn waches Denken neue Tugenden hervorbringt.** Wie soll das gehen?

Ich weiß, dass ich nichts weiß. Auch ich besitze keine Welt-App. Ich habe keine Ahnung, was die richtigen Antworten sind. Dafür kann ich an eine jener »richtigen Fragen« erinnern, die zu stellen Norbert Wiener am Beginn des Computerzeitalters so dringlich forderte[253]: **Wie soll man leben?** Laut Aristoteles ist höchstes Ziel menschlicher Existenz ein gutes, glückliches, sinnvolles, im Ganzen gelungenes Leben: die Eudaimonie, die sich für ihn untrennbar mit Tugendhaftigkeit verbindet. Damit meint Aristoteles bestimmte herausragende Charaktereigenschaften (*ethos*), welche man nicht einfach so hat, sondern die es erst einzuüben und regelmäßig zu praktizieren gilt. Wie soll man leben? Ein Mensch bleibt ein Mensch, mit allen geistigen und seelischen Mängeln, auch wenn er sich noch so sehr ums Gutsein bemüht. Ein kompliziertes, ethisch höchst fragwürdiges Lebewesen, dessen angestrebte Tugendhaftigkeit folglich mit Vorsicht zu genießen ist. In den Worten Martin Seels: »Tugenden sind Laster, die ihr Schlimmstes nicht ausleben ...«[254] Jede Tugend hat streng genommen untugendhafte Anteile. Paradox gesagt: Jede Tugend ist eine Un-Tugend. Dreien von ihnen könnte eine glänzende Zukunft bevorstehen.

Gegenwärtigkeit

Vielleicht beginnt gerade etwas Neues. Man kann es noch nicht so richtig benennen, aber man kann es fühlen: ein »Jetzt«, dessen Markenzeichen intensivierte Angstlust ist und in dem Gefahren und Chancen gleichermaßen liegen. Das neue Jetzt lässt die allseits akzeptierte Dumpfheit schlagartig ins »Damals« zurückweichen. Wer »damals« auf Optimierung und Eindeutigkeit konditioniert war, nahm jedes Angebot, die eigene Situation ökonomisch, ästhetisch, ethisch zu verbessern, dankbar an. Man kassierte die Belohnung und machte einfach weiter. Sah nichts, hörte nichts, sagte nichts. Man ließ alles mit sich machen und ließ es geschehen, dass man auch mit anderen alles machen konnte. Nahm einem irgendwas, irgendwer die Freiheit, merkte man es nicht mal so richtig. Damit ist Schluss. Jetzt trainiert man die Un-Tugend der Gegenwärtigkeit, um immer wieder neu und anders sehen zu lernen. Man ist achtsam, wachsam. Man legt die Gleichgültigkeit ab und erkennt, dass keine Verhaltenssteuerung der Welt voreilenden Gehorsam legitimieren kann und darf.[255] Wer gegenwärtig ist, schaut ganz genau hin. Man tritt in Resonanz zur Welt (→ Kapitel 6), spürt ihre guten und schlechten Vibes, achtet auf kleinste Anzeichen zunehmenden Herdentriebs. Man glaubt dem konformistischen Muss verblödeter Vernunft kein Wort mehr. Statt sich lenken zu lassen, vollzieht man im Jetzt eine reflexive Umkehr. Man übernimmt jetzt Verantwortung, um nicht hinterher sagen zu müssen: Entschuldigung, es tut mir ja so leid. *So sorry!*[256] Wäre man mal gegenwärtig gewesen. Hätte man mal die ein oder andere kritische Frage gestellt. Hätte man mehr zu leben riskiert …

Der untugendhafte Teil an der Gegenwärtigkeit ist ganz klar ihre Anarchie, der Widerpart aller Verhaltenssteuerung. Der winzige Moment des Jetzt entzieht sich der Folgsamkeit. Aber Sie können ihn nutzen, um wach zu bleiben. Jedes Mal.

Leichtigkeit

Gegenwärtigkeit erlöst von der Schwerkraft, sie macht mutig, die Trampelpfade dieser Welt zu verlassen. Ihre natürliche Verbündete ist die Leichtigkeit – eine Un-

Tugend, die der italienische Schriftsteller Italo Calvino (1923–1985) auch als hohen ästhetischen Wert beschrieb. Laut Calvino kommt Literatur und Dichtung die existenzielle Funktion zu, der schillernden Welt eine Form zu geben – ohne sie aber zu vereindeutigen. In seiner Poetik für das »postindustrielle technologische Zeitalter«,[257] die er schon Mitte der 1980er skizzierte, plädiert Calvino dafür, das Reale mit dem Surrealen und das Rationale mit dem Fantastischen zu verbinden. Die Universalpoesie, die ihm vorschwebt, feiert die Leichtigkeit und bedient sich dafür der Spinnenmetaphorik (»Netz«, »Faden«, »Gewebe«), die seit jeher eine lustvollgefährliche – manchmal von Wahnsinn durchzogene – Kreativität transportiert.[258] Spinnen ist das Werkzeug der Leichtigkeit: Wer systematisch, gewohnheitsmäßig »spinnt«, realisiert die Euidaimonie wie nebenbei. Es geht ganz einfach. Man muss bloß aus den sperrigen Einzelteilen seiner Existenz ein paar mögliche Zusammenhänge zusammenbauen. Was man sich da herbeispinnt, kann mit einem Narrativ beginnen – und sich zu einem Lebenswerk auswachsen. Einem Sinngebilde, das (fragil und stabil zugleich) Faden um Faden Gestalt annimmt. Zu spinnen nimmt der Existenz ihr Gewicht und ihre Härte und verwandelt sie in Unbeschwertheit. Typischer Repräsentant dieser Leichtigkeit ist für Calvino der Ritter Don Quichote. Ein Spinner mit einem Visier aus Pappmaschee, für den Traum und Wirklichkeit eins sind. Sich vom Flügel einer Windmühle in die Luft reißen lassen? Eine Kleinigkeit. Genauso, mit arabischen und russischen Märchengestalten auf fliegenden

Teppichen durch die Gegend zu segeln oder, wie der Baron von Münchhausen,[259] auf einer Kanonenkugel zu reiten: Aus der Spinner-Perspektive erscheint so gut wie alles vernünftig, sinnvoll, leicht. Ganz anders sah die Welt »damals« unter der Herrschaft der Computer-Logik aus. Die verblödete Vernunft sanktionierte den versponnenen Möglichkeitssinn mit bleiernen Gewichten. Auf die Schwerkraft folgte Schwermut, Einfallslosigkeit, Visionslosigkeit.

Schluss damit. Spinnen Sie los![260] Aus Hirngespinsten kann eine konkrete Realität werden – ein Freiraum, in dem sich atmen lässt. Die Un-Tugend der Leichtigkeit ist eine notwendige Provokation. Sie erlaubt es, eine Schwierigkeit als »Problem« zu betrachten, das sich aufzulösen beginnt, sobald Sie es vor lauter Unbeschwertheit loslassen. Kaum ist das »schwere« Problem an einen anderen Ort geflattert, können Sie es aus einem anderen Blickwinkel betrachten. Und schon ist es auf Miniaturgröße zusammengeschrumpft – schon erscheint das Problem so klein und leicht, dass Sie es in die Tasche stecken und pfeifend weiterziehen können.

Liebe

Jetzt hängt alles mit allem zusammen. Ohne Gegenwärtigkeit keine Leichtigkeit, ohne Leichtigkeit keine Freiheit – und keine Liebe. Liebe ist nicht nur ein Gefühl, sondern auch eine Fähigkeit. Sie beginnt mit der freien Entscheidung, die eigene Autonomie zu kappen. Liebe fängt nicht beim Ich an. Man liebt nicht, wenn man jemanden will oder etwas braucht. Man liebt, wenn man plötzlich aus der eigenen Autonomie herausgerissen wird. »Einem Menschen begegnen heißt, von einem Rätsel wachgehalten zu werden«, heißt es bei Emmanuel Lévinas (1905–1995).[261] Der französische Philosoph setzt Heteronomie vor Autonomie – das Bestimmtsein vom Anderen her vor die Selbstbestimmung. Heteronom denken und fühlen heißt für ihn, die Dinge nicht aus meiner eigenen Perspektive betrachten, sondern vom anderen Menschen her. Laut Lévinas ist es das schutzlose, nackte Antlitz eines jedes anderen Menschen, das den wortlosen Appell »Du sollst nicht töten!« beinhaltet. »Das Gesicht ist ausgesetzt, bedroht, als wollte es uns einladen, ihm Gewalt anzutun. Und gleichzeitig ist das Gesicht auch das, was uns verbietet zu töten.«[262] Jedes Augenpaar, das Ihnen auf der Straße entgegenkommt, ist eine Chance, anders zu sehen. Ihr Gegenüber anzuschauen. Seinen Blick zu erwidern, es wirklich zu sehen und zu beschützen. Die Untrennbarkeit von Ich und Wir zu beweisen. Die Un-Tugend der Liebe kennt weder Grenzen noch Bilanzen. Sie rechnet nicht. Und sie kann schnell lächerlich wirken, sobald man sie lang und breit in Worte fasst. Liebe kann nicht philosophisch beschrieben, sondern muss gedichtet, gelebt, gegeben und empfunden werden. Sie überspringt spielerisch die Gräben. Sie nähert sich dem Anderen, indem sie die Binaritäten überwindet. Aber Vorsicht! Es handelt sich um die wohl gefährlichste Un-Tugend überhaupt. Denn sie hat wie keine andere den Mut, ihren mächtigsten Gegnern den Kampf anzusagen: dem

Dogmatismus. Der Unfreiheit. Der Gleichgültigkeit. Der Grausamkeit.

Wie soll man leben? – Alles in dieser Welt geht durcheinander, alles geht vorüber. Niemand weiß, wie es weitergeht. Aber niemand und nichts ist egal. Vielleicht heißt *wach denken* ganz einfach: mit dem Herzen denken.

Playlist

0 Die Verblödung der Vernunft
Pink Floyd: Comfortably Numb

1 Problem oder Lösung
Jeff Mills: Time Machine

2 Erfolg oder Scheitern
The Notorious B.I.G.: Warning

3 Echt oder Fake
Laurent Garnier: Coloured City

4 Mann oder Frau
Doris Day: Que Sera, Sera

5 Der Thrill des Lebens
Angelo Badalamenti: Night Life in Twin Peaks

6 Weiche Helden
Astrud Gilberto: Zazueira

7 Lob des Absurden
Art Tatum: Flying Home

8 Umkehr zur Zukunft
Sonny Rollins: You Don't Know What Love Is

Epilog:
Wynton Marsalis: Blakey's Theme

Falls Ihre Sammlung nicht alle Songs enthält, finden Sie sie in der Spotify-Playlist »Rebekka Reinhard – Wach denken«.

Danksagung

Ich danke allen, die mich immer inspiriert und unterstützt haben, die schon lange meinen Weg begleiten, und allen, die mir jetzt Mut machen: meinen Eltern und meinen verstorbenen Großmüttern, Michael Meller, Regina Seitz, Familie von Pauer – sowie in alphabetischer Reihenfolge: Patrick Arnold, Prof. Mary Beard, Cecil Beaton, Dirk Beenken, Mara Bertling, Martina Bruder, Dr. Gabriele Castegnaro, Guy Castegnaro, Angelika Fehle-Franco, Dr. Andreas Föller, Prof. Sally Haslanger, Natascha Hoffner, Radina Kirova, František Klossner, Prof. Walter Mengisen, Dr. Kartarzyna Mol-Wolf, Marilyn Monroe, Daniela, Michael und Josephine Sandvoss, Stephanie Schorp, Dr. Kerstin Schulz, Sung-Hee Seewald, Dr. Kirsten Steffen und Diana Vreeland. Mein größter Dank gilt Thomas Vašek.

Anmerkungen

1 Zum Begriff des »Hyperrealen« s. Jean Baudrillard: Der symbolische Tausch und der Tod. Übers. von Gerd Bergfleth, Gabriele Ricke und Roland Voullié. Berlin: Matthes & Seitz, 2005.

2 Eva Menasse: »Alles geht in Trümmer«, in: Neue Zürcher Zeitung Online (= https://www.nzz.ch/feuilleton/eva-menasse-sieht-die-oeffentlichkeit-vor-dem-zerfall-ld.1484079, aufgerufen am 29.06.2020).

3 Guido Mingels: »Amazon ist ungeheuer böse«. Interview mit Jonathan Franzen, in: Der Spiegel, Nr. 22, 25.05.2019, S. 70–72.

4 Josef Hader: »Herr Strache und die Weltgeschichte«, in: Süddeutsche Zeitung, Nr. 122, 27.05.2019, S. 12.

5 »Smombie«, zusammengesetzt aus »Smartphone« und »Zombie«, war das Jugendwort des Jahres 2015. Siehe z. B. https://gfds.de/jugendwort-des-jahres-2015-smombie/ (aufgerufen am 29.06.2020).

6 Zum falschen Dilemma s. etwa Hubert Schleichert: Wie man mit Fundamentalisten diskutiert, ohne den Verstand zu verlieren. Anleitung zum subversiven Denken. München: Beck, 2003, S. 29f.

7 Alle drei Sätze bzw. die Diskussion ihrer Gültigkeit gehen auf den Begründer der Logik, Aristoteles, zurück. Siehe hierzu Ernst Tugendhat und Ursula Wolf: Logisch-semantische Propädeutik. Stuttgart: Reclam, 1983.

8 Siehe hierzu auch Christopher W. Tindale: Fallacies and

Argument Appraisal. Cambridge: Cambridge University Press, 2007.

9 Eine Studie der Johns-Hopkins-Universität hat untersucht, unter welchen Bedingungen Menschen dazu neigen, so zu »denken« wie Computer: Zhenglong Zhou und Chaz Firestone: »Humans can decipher adversarial images«, online verfügbar unter https://www.nature.com/articles/s41467-019-08931-6 (aufgerufen am 30.06.2020). Zu möglichen Motiven, sich als Mensch »selbst zum Computer machen zu wollen«, s. auch Mark Siemons: »Wir Cyborgs«, in: Frankfurter Allgemeine Sonntagszeitung, Nr. 31, 04.08.2019.

10 Meine Definition der Computer-Logik hat nichts zu tun mit dem »maschinellen Lernen« künstlicher Systeme; sie ist teilweise inspiriert von James Bridle: New Dark Age. Technology and the End of the Future. London: Verso, 2018.

11 Siehe hierzu z. B. B. F. Skinner: Erziehung als Verhaltensformung. Grundlagen einer Technologie des Lehrens. Übers. v. Eike Schmitz. München: E. Keimer, 1971.

12 Zu den berühmtesten Kritikern an Skinners Radikalem Behaviorismus zählen der Linguist Noam Chomsky und der Philosoph Charles Taylor. Siehe hierzu Noam Chomsky: »The Case Against B. F. Skinner«, in: New York Review of Books, Nr. 30, 1971, S. 18–24 und Charles Taylor: Erklärung und Interpretation in den Wissenschaften vom Menschen. Übers. von Nils Thomas Lindquist. Frankfurt a. Main: Suhrkamp, 1975.

13 Siehe Skinners Gesellschaftsutopie in seinem Roman *Walden Two. Die Vision einer besseren Gesellschaft*. Übers. v. Harry Theodor Master. München: FiFa-Verlag, 2002.

14 Ein aktuelles Beispiel ist die chinesische App WeChat, die es erleichtern soll, Profile zu erstellen, »auf deren Basis Menschen belohnt oder bestraft werden«. Siehe hierzu Cornelius Dieckmann: »Eine App, sie alle zu knechten«. Interview mit James Griffiths, in: Frankfurter Allgemeine Zeitung Nr. 158, 11.07.2019, S. 13 (= https://

www.faz.net/aktuell/feuilleton/medien/gespraech-mit-
hongkonger-cnn-reporter-james-griffiths-ueber-we-
chat-16278093.html; aufgerufen am 30.06.2020).

15 Nudging ist ein Begriff aus der Verhaltensökonomie, der
die (gewollte) Manipulation menschlichen Verhaltens
etwa bei Kaufentscheidungen oder Gesundheitsfragen
meint. Siehe hierzu Richard Thaler und Cass Sunstein:
Nudge. Wie man kluge Entscheidungen anstößt. Übers.
v. Christoph Bausum. Berlin: Econ, 2008.

16 Ich beziehe mich auf den klassischen Pragmatismus von
Charles Sanders Peirce, William James und John Dewey.

17 John Dewey: Philosophie und Zivilisation. Übers. v. Martin Suhr. Frankfurt a. Main: Suhrkamp, 2003.

18 Norbert Wiener: The Human Use of Human Beings:
Cybernetics and Society. Boston: Houghton Mifflin, 1954,
S. 186 (meine Übersetzung).

19 Immanuel Kant: »Beantwortung der Frage: Was ist
Aufklärung?«, in: Was ist Aufklärung: Beiträge aus der
Berlinischen Monatsschrift, Darmstadt: wbg, 1973, s. als
Digitalisat und Volltext: http://www.deutschestextarchiv.
de/book/show/kant_aufklaerung_1784 (aufgerufen am
02.07.2020).

20 Christoph Delius et al.: Geschichte der Philosophie von
der Antike bis heute. Köln: Könemann, 2005, S. 62.

21 Jaron Lanier: Zehn Gründe, warum du deine Social
Media Accounts sofort löschen musst. Übers. v. Martin
Bayer und Karsten Petersen. Hamburg: Hoffmann und
Campe, 2018, S. 31.

22 Brian Dear: The Friendly Orange Glow: The Untold Story
of the PLATO System and the Dawn of Cyberculture.
London: Pantheon, 2017, S. 17.

23 Jaron Lanier, a.a.O., S. 31.

24 Der vollständige deutsche Text von B. F. Skinner ist online verfügbar unter https://archive.org/details/Jenseits-
VonFreiheitUndWrde (aufgerufen am 03.07.2020).

25 Ebd., S. 216.

26 Die Dislike-Funktion gibt es bei YouTube, nicht aber bei

Facebook. Skinner hielt Belohnung für zielführender als Bestrafung, um ein gewünschtes Verhalten herbeizuführen.

27 B. F. Skinner, Jenseits von Freiheit und Würde, S. 215.

28 Obwohl auch diese Systeme natürlich menschengemacht und damit vorurteilsinfiziert sind. James Bridle, a.a.O., S. 40.

29 Siehe hierzu Kolja Rudzio: »Wenn der Roboter die Fragen stellt«, in: Die Zeit, Nr. 35, 23.08.2019, S. 22 (= https://www.zeit.de/2018/35/kuenstliche-intelligenz-vorstellungsgespraech-interview-test; aufgerufen am 03.07.2020).

30 Johan Huizinga: Homo ludens. Vom Ursprung der Kultur im Spiel. Übers. v. H. Nachrod. Reinbek b. Hamburg: Rowohlt, 1966, S. 144.

31 Siehe hierzu George Lakoff und Mark Johnson: Metaphors We Live By. Chicago und London: The University of Chicago Press, 2003, S. 143 ff.

32 Ebd.

33 Zum Kant-Zitat s. S. 25 bzw. Anm. 19.

34 Jaron Lanier, a.a.O., S. 73.

35 Siehe hierzu Andreas Reckwitz: Die Gesellschaft der Singularitäten: Zum Strukturwandel der Moderne. Berlin: Suhrkamp, 2017.

36 Und Bots (kurz für »Roboter«).

37 John Dewey: Erfahrung und Natur. Übers. v. Martin Suhr. Frankfurt a. Main: Suhrkamp, 1995, S. 60.

38 George Lakoff und Mark Johnson, a.a.O., S. 143 ff.

39 Jaron Lanier, a.a.O., S. 96.

40 Von Griechisch: *agon*, der Wettkampf oder Wettstreit.

41 Jordan B. Peterson: 12 Rules for Life: Ordnung und Struktur in einer chaotischen Welt. – Dieses Buch verändert Ihr Leben!. Übers. von Marcus Ingendaay und Michael Müller. München: Goldmann, 2018.

42 Siehe hierzu Hella Deitz: »Mythos Tabubrecher«, in: Zeit Online, https://www.zeit.de/kultur/2018-08/jordan-peterson-kanada-professor-politische-korrektheit-feminismus-

geschlechteridentitaet/komplettansicht (aufgerufen am 05.07.2020).

43 Eine Vorstellung, die sich schon bei dem antiken Philosophen und Mathematiker Pythagoras findet, hier zitiert nach Simone de Beauvoir: »Es gibt ein gutes Prinzip, das die Ordnung, das Licht und den Mann geschaffen hat, und ein böses Prinzip, das das Chaos, die Finsternis und die Frau geschaffen hat.« Siehe ebd.: Das andere Geschlecht: Sitte und Sexus der Frau. Übers. v. Uli Aumüller und Grete Osterwald. Reinbek b. Hamburg: Rowohlt, 2014, S. 8.

44 Peterson, a.a.O., S. 97.

45 Siehe hierzu Dirk Baecker: »Sinndimensionen einer Situation«, in: ders. et al.: Kontroverse über China: Sino-Philosophie. Berlin: Merve, 2008.

46 Siehe hierzu Terry Eagleton, Ideologie: Eine Einführung. Übers. von Anja Tippner. Stuttgart, Weimar: Metzler, 2000.

47 Ebd., S. 81.

48 Sha Hua und Christian Rickens: »Im Reich der Reichen«, in: Handelsblatt, Nr. 58, 22./23./24.03.2019, S. 43–49.

49 Michael Moorstedt: »Der Supersuperstar«, in: Süddeutsche Zeitung Online, https://www.sueddeutsche. de/kultur/netzkolumne-der-supersuperstar-1.4255200 (aufgerufen am 05.07.2020) und Thomas Assheuer: »Nihilismus und Terror«, in: Die Zeit, Nr. 14, 28.03.2019, S. 40 (= https://www.zeit.de/2019/14/rechtsextremismus-ironie-felix-kjellberg-sprachgebrauch, aufgerufen am 05.07.2020).

50 Ebd.

51 Benjamin Franklin: Autobiographie. Hg. v. Karl Maria Guth. Berlin: Hofenberg, 2016.

52 Siehe zu diesem Begriff Sighard Neckel: Flucht nach vorn: Die Erfolgskultur der Marktgesellschaft. Frankfurt a. Main: Campus, 2008.

53 Dies machte sich auch nach dem Ausbruch der Coronapandemie seit Anfang 2020 bemerkbar – mit dem

Unterschied, dass man nun nicht mehr »Likes«, sondern Leichen zählte: Das Robert Koch-Institut und die Johns-Hopkins-Universität lieferten täglich aktualisierte Opferzahlen – ihr Sinken suggerierte: Jetzt haben wir die Lage im Griff.

54 Frank Schirrmacher: Ego. Das Spiel des Lebens. München: Pantheon, 2014, S. 69.

55 Max Friedrich Meyer: Psychology of the Other-One. Missouri: Missouri Book Company, 1921.

56 Ebd., S. 402 ff.

57 B. F. Skinner: Wissenschaft und menschliches Verhalten. Übers. v. Edwin Ortmann. München: Kindler, 1973, S. 214.

58 Ebd.

59 Siehe hierzu David Riesman: Die einsame Masse. Eine Untersuchung der Wandlungen des amerikanischen Charakters. Übers. v. Renate Rausch. Reinbek b. Hamburg: Rowohlt, 1958.

60 Bernard Williams: Wahrheit und Wahrhaftigkeit. Übers. v. Joachim Schulte. Frankfurt a. Main: Suhrkamp, 2003, S. 220.

61 Siehe hierzu Maximilian Sippenauer: »Ein Doktortitel fürs Wiederkäuen«, in: Süddeutsche Zeitung Online, https://www.sueddeutsche.de/bildung/geisteswissenschaften-ein-doktortitel-fuers-wiederkaeuen-1.3715908 (aufgerufen am 06.07.2020).

62 Patrick Illinger: »Fehler im System«, in: Süddeutsche Zeitung, Nr. 88, 13. / 14. April 2019, S. 4.

63 Bernard Williams, a.a.O., S. 222. Vgl. George Orwell: 1984. Übers. v. Michael Walter. München: Ullstein, 2007. Im Roman zwingt die Staatspartei Menschen zu glauben, dass zwei plus zwei fünf sei.

64 Zitiert nach Frank Schirrmacher, a.a.O., S. 246.

65 Im Sinne von Harry G. Frankfurts Definition, s. hierzu: ders.: Bullshit. Frankfurt a. Main: Suhrkamp, 2006.

66 Siehe hierzu Manuel Güntert: »Post-Faktisch – Über die unheimliche Macht der Fake-News«, in: Hohe Luft

online, https://www.hoheluft-magazin.de/2019/02/post-faktisch-ueber-die-unheimliche-macht-der-fake-news/?f bclid=IwAR3dGnzDn_6m3DTBNwAoD8712vrzAySqJN0x Dd-raBz6eKfK_VlKw8XIFQM (aufgerufen am 07.07.2020).

67 Geprägt wurde der Begriff »alternative Fakten« 2017 von Donald Trumps damaliger Wahlkampfmanagerin Kelly-anne Conway im Kontext des Streites um die tatsächli-che Anzahl der Teilnehmer an Trumps Inauguration.

68 So Trumps Behauptung im Jahr 2016, s. hierzu N.N.: »Yes, I'd lie to you«, in: The Economist, 10.–16.9.2016, S. 20–23, hier S. 20.

69 Trumps Behauptung im Jahr 2011, s. dazu James Bridle, a.a.O, S. 206.

70 Solche Behauptungen sind typisch für die Verschwö-rungstheoretiker und Abstammungsfanatiker der »Truther« und »Birther«. Siehe hierzu Jill Lepore: Diese Wahrheiten: Geschichte der Vereinigten Staaten von Amerika. Übers. v. Werner Roller. München: C.H. Beck, 2019, S. 884 ff.

71 Ebd.

72 Sascha Lobo: Realitätsschock. Zehn Lehren aus der Ge-genwart. Kiepenheuer & Witsch: Köln, 2019.

73 Zitiert in Matthew d'Ancona: Post Truth. The New War on Truth and How to Fight Back. London: Ebury Press, 2017, S. 25.

74 Siehe hierzu die Website der *World Intellectual Property Organization*, http://www.wipo.int.

75 Christian Utz: »Neue Musik und Interkulturalität: Von Cohn Cage bis Tan Dun«, in: Archiv für Musikwissen-schaft. Beihefte, Bd. 51, S. 33.

76 Jaron Lanier, a.a.O., S. 82.

77 Wie dem *Spiegel*-Starjournalisten Claas Relotius, der 2018 als Reportagenfälscher enttarnt wurde. Als dem Wahren und Echten verpflichtete »alternative« TV-Sender gelten etwa *Compact TV* und *Ken TV*.

78 Siehe hierzu Sascha Lobo: »Schafft den Authentizitäts-wahn im Internet ab!«, in: Spiegel Online, https://www.

spiegel.de/netzwelt/web/sascha-lobo-schafft-den-authen-
tizitaetswahn-im-internet-ab-a-852453.html (aufgerufen
am 07.07.2020).

79 Zu Warhols authentischer Selbstinszenierung und
seinem Einfluss auf die heutige Kunstwelt und unseren
Umgang mit Authentizität siehe Isabelle Graw: Der gro-
ße Preis: Kunst zwischen Markt und Celebrity Culture.
Köln: Dumont, 2008 und Robert Shore: Beg, Steal &
Borrow: Artists Against Originality. London: Laurence
King Publishing, 2017.

80 Es handelt sich um das Werk *Van Heusen (Ronald Reagan)*
von Andy Warhol, 1985.

81 So heißt Donald Trumps Twitter-Account.

82 Das twitterte Trump am 7.11.2012.

83 Zur Bedeutung von Authentizität als »Legitimations-
grundlage populistischer Führerschaft« siehe Torben Lütjen: Amerika im kalten Bürgerkrieg: Wie ein Land seine
Mitte verliert. wbg Theiss: Darmstadt, 2020, S. 93 – 104.

84 Im Sinne von John L. Austin: Zur Theorie der Sprechakte (How to do Things with Words). Übers. v. Eike von
Savigny. Stuttgart: Reclam, 1986.

85 Davon zeugt das psychologische Phänomen der »Belief
Perseverance« (»Hartnäckigkeit im Glauben«). Siehe dazu
Tobias Greitemeyer: »Article retracted, but the message
lives on«, in: Psychonomic Bulletin & Review, Bd. 21,
2014, S. 557–561, hier: S. 557.

86 Siehe hierzu Rebekka Reinhard und Thomas Vašek: »Alle
mal Klappe halten? Wie die Öffentlichkeit sich selbst
zerstört – und was wir dagegen tun können«, in: Hohe
Luft 5 / 2019, S. 15 – 19.

87 Der amerikanische Comedian Stephen Colbert nannte
die gefühlte Wahrheit *truthiness*. Siehe N. N., »Yes, I'd lie
to you«, S. 21.

88 »Glück. Was ist das, Ágnes Heller?«. Interview von
Elisabeth von Thadden, in: Die Zeit, Nr. 20, 09.05.2019,
S. 48.

89 Zu Luca Morisis wichtiger Funktion für Matteo Salvini

s. Oliver Meiler: »Der Mann, der Salvini ins Gespräch bringt«, in: Süddeutsche Zeitung Online, https://www.sueddeutsche.de/politik/salvini-lega-nord-social-media-1.4498407 (aufgerufen am 08.07.2020).

90 Gernot Böhme: Atmosphäre. Essays zur neuen Ästhetik. Berlin: Suhrkamp, 2013, S. 47.

91 Ebd., S. 2.

92 Siehe hierzu: »Wo ist die Wahrheit hin, Herr Boghossian?«. Interview von Maja Beckers mit Paul Boghossian, in: Hohe Luft 4/2017, S. 64.

93 Dazu: Paul Boghossian, Angst vor der Wahrheit: Ein Plädoyer gegen Relativismus und Konstruktivismus. Übers. v. Jens Rometsch. Berlin: Suhrkamp, 2013.

94 Paul Boghossian, »Wo ist die Wahrheit hin …?«, S. 68.

95 »Lebenspunkte« zeigen in Computerspielen den Zustand der Spielfiguren an; sinken diese Punkte auf null, »stirbt« die Figur.

96 Dies entspricht der Rationalität der Entscheidungstheorie. Siehe hierzu Daniel Kahneman: Schnelles Denken, langsames Denken. Übers. von Thorsten Schmidt. München: Pantheon, 2014, S. 508 f.

97 Jaron Lanier, a.a.O., S. 14.

98 Siehe hierzu Sally Haslanger: Resisting Reality. Social Construction and Social Critique. Oxford: Oxford University Press, 2012, S. 42 ff.

99 Ebd., S. 239.

100 Ebd., S. 411.

101 Ebd., S. 43. Siehe hierzu auch Kate Manne: Down Girl. The Logic of Misogyny. Oxford: Oxford University Press, 2018, S. xiii f.

102 Zur Bedeutung von spieltheoretischen Dilemmastrukturen im ökonomischen Kontext s. Karl Homann und Christoph Lütge: Einführung in die Wirtschaftsethik. Münster: Lit Verlag, 2004. S. 51 ff.

103 Kate Manne, a.a.O., S. xiv und Sally Haslanger, a.a.O., S. 43.

104 N.N.: »Sanfter Zwang«, in: Der Spiegel, Nr. 40, 1971,

S. 172 (= https://www.spiegel.de/spiegel/print/d-43078812. html; aufgerufen am 09.07.2020).

105 Anne Fausto-Sterling: Biological Theories About Women and Men. New York: Basic Books, 1992.

106 Ich spiele hier sowohl auf den soziologischen Begriff der Diversität an wie auch auf »Diversity« im Management-kontext als unternehmenskulturelle Maßnahme, mit der die individuelle Vielfalt von Mitarbeitern gefördert werden soll.

107 Mary Beard: Frauen und Macht. Ein Manifest. Übers. v. Ursula Blank-Sangmeister. Frankfurt a. Main: Fischer, 2018, S. 30.

108 Als einer der wenigen Prominenten wurde der Schau-spieler Bill Cosby 2018 für schuldig erklärt und rechts-kräftig verurteilt. Siehe hierzu: »Bill Cosby sentenced to state prison for sexual assault«. BBC News Online, https://www.bbc.com/news/world-us-canada-45644374 (aufgerufen am 09.07.2020). Die Verurteilung des ehema-ligen Hollywoodproduzenten Harvey Weinstein, dessen sexuelle Übergriffe die #MeToo-Debatte 2017 ausgelöst hatten, zu 23 Jahren Haft, scheint eine historische Zäsur zu markieren, s. dazu https://www.tagesschau.de/aus-land/harvey-weinstein-urteil-haftstrafe-101.html (aufge-rufen am 09.07.2020).Welche Folgen dies für weiterhin bestehende sexistische und machtmissbräuchliche Alltagspraktiken hat, bleibt abzuwarten.

109 Siehe hierzu: »Wir sollten es wagen, utopischer zu denken«. Interview von Rebekka Reinhard und Thomas Vašek mit Mithu M. Sanyal, in: Hohe Luft 3/2018, S. 51 ff.

110 Elisabeth Badinter macht hierfür ein Jahr vor #MeToo den »Opfer-Feminismus amerikanischer Prägung« verant-wortlich. Siehe: »Falsche Opfer«. Interview von Joseph Hanimann mit Elisabeth Badinter, in: Süddeutsche Zeitung, Nr. 287, 12.12.2016. S. 10.

111 Mary Beard, a.a.O., S. 13 ff.

112 Siehe etwa Margarete Stokowski: Die letzten Tage des Patriarchats. Reinbek b. Hamburg: Rowohlt, 2018.

113 Jens Jessen: »Heute ist alles, was Männer tun, sagen, fühlen oder denken, falsch – weil sie dem falschen Geschlecht angehören«, in: Die Zeit, Nr. 15, 05.04.2018, S. 55 f.

114 Siehe zur Macht der männlichen Norm, die immer auch das definiert, was für Frauen normal sein soll, Rebekka Reinhard: »Casino der Träume«, in: Hohe Luft 3/2020, S. 64–69.

115 Svenja Flaßpöhler: Die potente Frau: Für eine neue Weiblichkeit. Berlin: Ullstein, 2018.

116 Ebd., S. 44.

117 Sally Haslanger, a.a.O., S. 44, dort Anm. 17.

118 Ebd., S. 45.

119 Ein Glück, das nur dann erreichbar ist, wenn die Frau zu gleichen Teilen in der Sphäre des ökonomischen Erfolges wie auch der häuslichen Sphäre »reüssiert« – mit anderen Worten: wenn ihr die Quadratur des Kreises gelingt. Siehe Rebekka Reinhard: Kleine Philosophie der Macht (nur für Frauen). München: Ludwig, 2015, S. 116.

120 Siehe hierzu Rebecca Solnit: Wenn Männer mir die Welt erklären. Hamburg: Hoffmann und Campe, 2015; Genevieve Lloyd: Man of Reason: »Male« and »Female« in Western Philosophy. London: Methuen, 1993 und Mary Beard, a.a.O., S. 37.

121 Siehe hierzu auch insgesamt Rebekka Reinhard, »Casino der Träume«.

122 Siehe hierzu Mary Beard, a.a.O.

123 Zu den sozialpsychologischen Phänomenen »implicit bias« (unbewusste Vorurteile) und »stereotype threat« (Bedrohung durch Stereotype) s. Rebekka Reinhard, Kleine Philosophie der Macht, S. 135 ff.

124 Charlotte Witt: The Metaphysics of Gender. Oxford: Oxford University Press, 2011, S. 80.

125 Mary Beard, a.a.O, S. 72.

126 Zitiert in Rebekka Reinhard, Kleine Philosophie der Macht, S. 117.

127 »Emails Add to Hillary Clinton's Central Problem:

Voters Just Don't Trust Her«, in: New York Times Online
https://www.nytimes.com/2016/05/26/us/politics/hillary-
clinton-emails-campaign-trust.html?_r=0 (aufgerufen am
09.07.2020).

128 Siehe hierzu Amy Cuddy: Dein Körper spricht für dich:
Von innen wirken, überzeugen, ausstrahlen. Übers. v.
Henriette Zeltner. München: Mosaik, 2016.

129 Siehe hierzu Rebekka Reinhard, Kleine Philosophie der
Macht, S. 166.

130 Macht kommt von »machen«. Zur Etymologie siehe ebd.,
S. 13.

131 B. F. Skinner, Jenseits von Freiheit und Würde, S. 215.

132 Eine Zusammenfassung unter https://de.wikipedia.org/
wiki/VUCA (aufgerufen am 09.07.2020).

133 Peter Sloterdijk: Eurotaoismus: Zur Kritik der politischen
Kinetik. Frankfurt a. Main, Suhrkamp, 1989.

134 *Chernobyl* ist eine vom amerikanischen TV-Kanal HBO
produzierte Miniserie, die die Nuklearkatastrophe von
1986 erzählt; sie wurde erstmals 2019 ausgestrahlt.

135 Siehe hierzu in Jean Baudrillard, *Der symbolische Tausch
und der Tod* die Kapitel »Das Taktile und das Digitale«
(S. 97 – 111) und »Der Hyperrealismus der Simulation«,
S. 112 – 119.

136 Ebd.

137 Jean Baudrillard: »Der Geist des Terrorismus, Teil 2«,
https://egs.edu/faculty/jean-baudrillard/articles/der-geist-
des-terrorismus-teil-2/ (Zugriff Mai 2019).

138 Genauer »Simulakren dritter Ordnung«, vgl. Jean Baudrillard, Der symbolische Tausch und der Tod, S. 89.

139 Jean Baudrillard, Der symbolische Tausch und der Tod,
S. 112.

140 Siehe hierzu Harry G. Frankfurt, a.a.O.

141 Tavor und Xanax sind verschreibungspflichtige angst-
lösende Medikamente.

142 Siehe hierzu z. B. Eva Menasse, a.a.O.

143 Unter »Angstlust« verstand der Psychoanalytiker Michael
Balint eine leichte ängstliche Anspannung, die unsere

Konzentration erhöht und die wir als lustvoll erleben. Vgl. Michael Balint: Angstlust und Regression. Übers. v. Konrad Wolff et al. Stuttgart: Klett-Cotta, 2017. Mein eigener Begriff der Angstlust ist von Balint inspiriert, aber weder psychoanalytisch noch psychiatrisch gemeint.

144 Teile dieses Abschnitts sind erschienen in Rebekka Reinhard und Thomas Vašek: »Angstlust: Das Gefühl unserer Zeit«, in: Hohe Luft 06/2018, S. 19–21 und Rebekka Reinhard: »Unsere wilden Wegweiser«, in: ebd., S. 14–17.

145 Siehe auch Tristan Garcia: Das intensive Leben: Eine moderne Obsession. Übers. v. Ulrich Kunzmann. Berlin: Suhrkamp, 2017.

146 Rebekka Reinhard und Thomas Vašek, »Angstlust«, S. 20.

147 Siehe zum Folgenden Sabine Döring (Hg.): Philosophie der Gefühle. Frankfurt a. Main: Suhrkamp, 2009.

148 Siehe hierzu Mark Siemons: »Gegen die Gegenwärtigkeit: Was ist digitaler ›Präsentismus‹?«, in: Frankfurter Allgemeine Sonntagszeitung, Nr. 26, 30.06.2019, S. 34.

149 Peter Sloterdijk, a.a.O., S. 276.

150 Siehe hierzu Heiko Roehl: Ich Anderer. Berlin: Nicolai, 2018.

151 »Geschäft mit Computer- und Videospielen boomt«, in: Handelsblatt online, https://www.handelsblatt.com/unternehmen/it-medien/games-branche-geschaeft-mit-computer-und-videospielen-boomt/22915568.html?ticket=ST-4713756-hvljQHvLU9eDvfKkZfHJ-ap2 (aufgerufen am 09.07.2020).

152 Heiko Roehl, a.a.O., S. 43 f.

153 Johan Huizinga, a.a.O., S. 12.

154 Siehe hierzu Brian Sutton-Smith: The Ambiguity of Play. Harvard: Harvard University Press, 1997.

155 Bo Kampmann Walther: »Playing and Gaming: Reflections and Classifications«, in: Game Studies. The International Journal of Computer Game Research (= http://gamestudies.org/0301/walther/; aufgerufen am 10.07.2020).

156 Wenn auch in einem völlig anderen Kontext, näm-
lich dem der kantischen Ästhetik, s. den 14. Brief in:
Friedrich Schiller: Über die ästhetische Erziehung des
Menschen in einer Reihe von Briefen. Kommentar von
Stefan Matuschek. Berlin: Suhrkamp, 2013.

157 Siehe hierzu Erving Goffman: Wir alle spielen Theater:
Die Selbstdarstellung im Alltag. Übers v. Peter Weber-
Schäfer. München/Berlin: Piper, 2016.

158 Siehe hierzu Helmuth Plessner: Grenzen der Gemeinschaft: Eine Kritik des sozialen Radikalismus. Frankfurt
a. Main: Suhrkamp 2001, S. 82.

159 Zur neuen »naiven« Macht junger heldenhafter Frau-
en s. Peter Kümmel: »Weil sie wissen, was sie tun«, in:
Die Zeit, Nr. 29, 11.07.2019, S. 35 (= https://www.zeit.
de/2019/29/aktivistinnen-frauen-kampfgeist-greta-thun-
berg-carola-rackete; aufgerufen am 10.07.2020).

160 Jean Baudrillard, a.a.O, S. 99.

161 Ebd., S. 105.

162 Siehe dazu https://www.dwds.de/wb/Held (aufgerufen am
10.07.2020).

163 Siehe zum Ur-Helden-Narrativ den berühmten Überblick
von Gustav Schwab: Sagen des klassischen Altertums.
Köln: Agrippina, 1954.

164 So die Bezeichnung von Joseph Campbell in ders.: Der
Heros in tausend Gestalten. Übers. von Karl Köhne.
Frankfurt a. Main: Insel, 2011.

165 Siehe hierzu Mike Davis: »Die Flammen von New York«,
in: Süddeutsche Zeitung, Nr. 282, 07.12.2001, S. 21.

166 Ebd.

167 Christopher Lasch: Das Zeitalter des Narzißmus. Übers.
v. Gerhard Burmundt. München: dtv, 1986.

168 Eine unwahre Heldengeschichte ist etwa die der Blogge-
rin Marie Sophie Hingst, die sich nach der Entlarvung
ihrer vorgeblich jüdischen Biografie 2019 das Leben
nahm. Siehe hierzu Christian Vooren: »Sie glaubte ihre
eigenen Lügen«, in: Tagesspiegel Online, https://www.
tagesspiegel.de/kultur/bloggerin-marie-sophie-hingst-

gestorben-sie-glaubte-ihre-eigenen-luegen/24845010.html
(aufgerufen am 10.07.2020).

169 Matthew d'Ancona, a.a.O., S. 130.

170 Siehe hierzu und zum Folgenden das Interview von
Rebekka Reinhard und Thomas Vašek mit Georg North-
hoff: »In unserem Kontext ist das Leib-Seele-Problem
bedeutungslos«, in: Hohe Luft 03/2019, S. 67 ff.

171 Siehe zur Einführung Richard E. Nisbett, The Geography
of Thought: How Asians and Westeners Think Differently and Why. London: Nicholas Brealey Publishing, 2009.

172 Philippe Jousset: »Wie man dem Subjekt aus dem Weg
geht oder sich von ihm befreit«, in: Kontroverse über
China, S. 56.

173 Richard E. Nisbett, a.a.O., S. xiii.

174 Ebd., S. xxii.

175 Ebd., S. 25. Zur Prämisse »Alle Menschen sind sterblich«
als Teil des aristotelischen Syllogismus s. a. Ernst Tugendhat und Ursula Wolf, a.a.O.

176 Philippe Jousset, a.a.O, S. 56.

177 Ebd., S. 57.

178 Siehe hierzu die legendäre Darstellung von Alan Watts:
Der Lauf des Wassers. Die Lebensweisheit des Taoismus.
Übers. v. Susanne Schaub. Frankfurt a. Main: Insel,
2003.

179 Richard E. Nisbett, a.a.O., S. 17.

180 Francois Jullien: Vortrag vor Managern über Wirksamkeit und Effizienz in China und im Westen. Übers. v.
Ronald Voullié. Berlin: Merve, 2006, S. 60.

181 Vgl. zum Folgenden auch Rebekka Reinhard, Kleine
Philosophie der Macht, S. 54f.

182 Siehe zum Aktionismus bei Managern und chinesischer
Effizienz Thomas Vašek: »Immer schön geschmeidig
bleiben«, in: Hohe Luft 06/2017, S. 72–75.

183 Francois Jullien, a.a.O., S. 16.

184 Siehe hierzu auch Jagoda Marinić: Sheroes: Neue
Held*innen braucht das Land. Frankfurt a. Main:
S. Fischer, 2019, S. 91 ff.

185 Siehe hierzu Janina Loh: Trans- und Posthumanismus zur Einführung. Hamburg: Junius, 2018.

186 Zu den überwiegend amerikanischen Transhumanisten zählen Nick Bostrom und Max More. Bostrom ist der Gründer der Organisation *Humanity+*. Siehe https:// humanityplus.org (aufgerufen am 22.07.2020).

187 Siehe hierzu das Statement der Philosophin, Bodybuilderin, Künstlerin und Vorstandvorsitzenden von *Humanity+*, Natasha Vita-More: »Ist der Transhumanismus ein Humanismus?«, in: Hohe Luft 02/2018, S. 19.

188 Janina Loh, a.a.O., S. 82.

189 Natasha Vita-More, a.a.O.

190 Zu Ähnlichkeiten des transhumanistischen »Determinismus« mit dem Behaviorismus vgl. das Interview der Redaktion des Frankfurter Instituts für Risikomanagement und Regulierung mit Janina Loh, »Die Rolle des Menschen im KI-Umfeld«, vom 29.01.2019 (= https:// www.firm.fm/infodienste/news/newsbeitrag/die-rolle-des-menschen-im-ki-umfeld.html; Zugriff: Januar 2020)

191 Hannah Arendt: Vita activa oder Vom tätigen Leben. München: Piper, 2002, S. 219.

192 Ebd.

193 Zur Interpretation dieses Aspekts im *Tao Te King* s. Rebekka Reinhard: Schön!: Schön sein, schön scheinen, schön leben – eine philosophische Gebrauchsanweisung. München: Ludwig, 2013, S. 190f.

194 Teile dieses Kapitels erschienen in Rebekka Reinhard: »Warten auf den Sinn«, in: Hohe Luft 05/2017, S. 48–52.

195 1930 wurde die Oper *Die Nase* von Dimitri Schostakowitsch nach dem gleichnamigen Theaterstück von Nikolai Gogol uraufgeführt.

196 Mit meiner Definition des Absurden folge ich hier und im Weiteren Thomas Nagel: »The Absurd«, in: The Journal of Philosophy, Bd. 68, Nr. 20 (21.10.1971), S. 716–727.

197 Nicolai Gogol: Die Nase. Übers. v. Dorothea Trottenberg Stuttgart: Reclam, 1997; Franz Kafka: Die Verwandlung. München, dtv, 2008; Samuel Beckett: Warten auf Godot.

Übers. v. Elmar Tophoven. Frankfurt a. Main: Suhrkamp, 1990.

198 Siehe zur Romantik als Epochenbegriff und Geisteshaltung Rüdiger Safranski: Romantik. Eine deutsche Affäre. München: Hanser, 2007.

199 Siehe zur europäischen Avantgarde Peter Bürger: Theorie der Avantgarde. Frankfurt a. Main: Suhrkamp, 1974 und zum Absurden als Kunstform Michael Y. Bennett: The Cambridge Introduction to Theatre and Literature of the Absurd. Cambridge: Cambridge University Press, 2015.

200 Filippo Tommaso Marinetti: Manifeste des Futurismus. Übers. v. Stefanie Golisch. Berlin: Matthes & Seitz, 2018.

201 Siehe hierzu Peter Bürger, a.a.O., S. 68 ff. und S. 76 ff.

202 André Breton: Die Manifeste des Surrealismus. Übers. v. Ruth Henry. Reinbek b. Hamburg: Rowohlt, 1993.

203 Theodor W. Adorno: Ästhetische Theorie. Frankfurt a. Main: Suhrkamp, 1970, S. 232.

204 Der Begriff »Disruption« (von lat. *disrumpere* für zerschlagen, zerreißen) bezeichnet ursprünglich eine meist technologische Innovation, die das bisherige Produkt vom Markt verdrängt. Laut dem US-Managementtheoretiker Clayton M. Christensen bringen disruptive Innovationen etablierte Branchen in ein Dilemma, wenn sie an ihren alten Geschäftsmodellen festhalten. Siehe auch Birger P. Priddat: »Die Zukunft des Befristeten«, in: Hohe Luft kompakt 01/2020: Metanoia – Führen in Zeiten des Wandels, S. 26–31.

205 Siehe hierzu auch Rebekka Reinhard: »Die Performanz des Beraters«, in: Hohe Luft kompakt 01/2020, S. 74–79.

206 Zitiert in James Lovelock, Novozän: Das kommende Zeitalter der Hyperintelligenz. Übers. von Annabel Zettel. München: C. H. Beck, 2020, S. 36.

207 Siehe dazu einführend: Gary S. Schaal u.a.: Die Wahrheit über Postfaktizität, in: Aus Politik und Zeitgeschichte, 44-45/2017 (= https://www.bpb.de/apuz/258506/die-wahrheit-ueber-postfaktizitaet; aufgerufen am 23.07.2020).

208 Siehe hierzu Daniel Berthold: »Kierkegaard and Camus: either/or?«, in: International Journal for Philosophy of Religion, Nr. 73 (2013), S. 137–150.

209 Albert Camus: Der Mythos von Sisyphos: Ein Versuch über das Absurde. Übers. v. Hans Georg Brenner und Wolfdietrich Rasch. Reinbek b. Hamburg: Rowohlt, 1998, S. 128.

210 Ich folge hier wieder Thomas Nagel, a.a.O.

211 Ebd., S. 719.

212 Theodor W. Adorno, a.a.O., S. 231.

213 James Lovelock, a.a.O., S. 31.

214 Siehe hierzu Wolfgang Stegmüller: Das Problem der Induktion. Humes Herausforderung und moderne Antworten. Darmstadt: Wissenschaftliche Buchgesellschaft, 1996.

215 Siehe hierzu auch Janan Ganesh: »Minimalism and me«, in: Financial Times, 25./26.01.2020, S. 22.

216 Siehe hierzu Ursula Wolf: Die Philosophie und die Frage nach dem guten Leben. Reinbek b. Hamburg: Rowohlt, 1999.

217 James Stewart in Frank Capras *Mr. Smith geht nach Washington* (1939). Zitiert in Richard Farson: Management of the Absurd. Paradoxes in Leadership. New York: Touchstone, 1996, S. 163.

218 James Lovelock, a.a.O., S. 37.

219 Siehe https://futurium.de/ (aufgerufen am 23.07.2020).

220 Geprägt hat den Begriff der amerikanische Schriftsteller William Gibson. Zu dessen Zukunftspessimismus s. Michelle Goldberg: »The Darkness Where the Future Should Be«, in: The New York Times International Edition, 25./26.01.2020, S. 8 und 10 (= https://www.nytimes.com/2020/01/24/opinion/sunday/william-gibson-agency.html; aufgerufen am 28.09.2020).

221 Siehe etwa Florian Illies: »Die Zwanzigerjahre sind da«, in: Die Zeit, Nr. 5, 11.01.2020, S. 49–50 (= https://www.zeit.de/2020/05/nostalgie-zwanzigerjahre-sehnsucht-berlin-kunst; aufgerufen am 23.07.2020).

222 Hans Ulrich Gumbrecht: Präsenz. Berlin: Suhrkamp, 2012, S. 73.

223 Ebd., S. 77.

224 Zitiert in Anna Wiener: Uncanny Valley: A Memoir. London: 4th Estate, 2020, S. 22.

225 Siehe Alex Pentland: Social Physics. How Social Networks Can Make Us Smarter. New York: Penguin, 2015 und Shoshana Zuboff, a.a.O., S. 481.

226 So bei Shoshana Zuboff, a.a.O., S. 483 und 495 sowie Anna-Verena Nosthoff und Felix Maschewski: Die Gesellschaft der Wearables. Digitale Verführung und soziale Kontrolle. Berlin: Nicolai, 2019, S. 41 f.

227 Alex Pentland, a.a.O., S. ix.

228 Ebd., S. viii.

229 Pentland beruft sich dabei auch auf seinen Vorgänger Auguste Comte. Ebd., S. ix.

230 Meine Übersetzung; ebd., S. 20.

231 Siehe hierzu Rebekka Reinhard: »Die philosophische Krankheit«. In: Hohe Luft 6/2019, S. 20–25.

232 Norbert Wiener, a.a.O., S. 186.

233 Gilles Deleuze: Proust und die Zeichen. Übers. v. Henriette Beese. Berlin: Merve, 1993, S. 79.

234 C. P. Snow: Die zwei Kulturen. Literarische und naturwissenschaftliche Intelligenz. Übers. v. Grete und Karl-Eberhardt Felten. Stuttgart: Klett, 1967.

235 Zwar bieten Hochschulen nun vermehrt Studiengänge wie Philosophie, Politik und Wirtschaft an; ob dies ein verändertes Selbstbild bzw. gar einen Paradigmenwechsel in den einzelnen Disziplinen in der Praxis haben wird, muss sich noch zeigen.

236 Umberto Eco, Im Labyrinth der Vernunft: Texte über Kunst und Zeichen. Leipzig: Reclam, 1990, S. 122 f.

237 Rüdiger Safranski, a.a.O., S. 13.

238 Robert Musil: Der Mann ohne Eigenschaften. 1. Band. Reinbek b. Hamburg: Rowohlt, 1987/1992, S. 16 f.

239 Zit. nach Rüdiger Safranski, a.a.O., S. 44.

240 Zu den Frühromantikern s. a. Kurt Rothmann: Kleine

Geschichte der deutschen Literatur. Stuttgart: Reclam, 1997, S. 135 ff.

241 Rüdiger Safranski, a.a.O., S. 59.

242 Zitiert ebd.

243 »Think different« war der Slogan einer Apple-Kampagne von 1997. Siehe auch Andrew Keen: The Internet Is Not The Answer. London: Atlantic, 2015, S. 211.

244 Siehe hierzu Andy Clarks und David Chalmers' These vom »erweiterten Geist« von 1998, http://consc.net/papers/extended.html (aufgerufen am 24.07.2020).

245 Siehe zur Unterscheidung von Gesellschaft und Gemeinschaft auch Helmuth Plessner, a.a.O.

246 Zum (chinesischen) Begriff des Situationspotenzials s. Francois Jullien, a.a.O., S. 31–34.

247 Siehe hierzu Rebekka Reinhard und Thomas Vašek: »Zu dumm für die Zukunft? Welche Intelligenzen wir morgen brauchen«, in: Hohe Luft 3/2020, S. 14–19.

248 James Lovelock, a.a.O., S. 143.

249 Siehe hierzu Thomas Vašek: »Die Kraft von Metanoia: Warum wir in der Wirtschaft eine radikale Veränderung des Denkens brauchen«, in: Hohe Luft kompakt 1/2020, S. 4–5.

250 Siehe hierzu https://www.inexhibit.com/specials/58th-venice-biennale-of-art-2019-may-you-live-in-interesting-times/ (aufgerufen am 24.07.2020).

251 Auch etwa bei Robert F. Kennedy in einer Rede von 1966, https://quoteinvestigator.com/2015/12/18/live/ (aufgerufen am 24.07.2020).

252 So wird Rugoff auf der o. g. Website (Anm. 251) zitiert (meine Übers.).

253 Norbert Wiener, a.a.O.

254 Martin Seel: 111 Tugenden, 111 Laster: Eine philosophische Revue. Frankfurt a. Main: Fischer, 2015, S. 235.

255 Dies gilt auch für die Verhaltenssteuerung mittels des staatlich proklamierten Ausnahmezustands. Zu den möglichen Gefahren des starken Staates in der Folge der Coronapandemie siehe die nicht nament-

lich gekennzeichneten Analysen »Everything is Under Control«, in: The Economist, 23.03.2020–03.04.2020, S. 10 und S. 20–22 (= https://www.economist.com/leaders/2020/03/26/the-state-in-the-time-of-covid-19; aufgerufen am 24.07.2020).

256 *So Sorry* hieß auch die Ausstellung des chinesischen Künstlers Ai Wei Wei, die 2019 im Münchner Haus der Kunst gezeigt wurde. Der Ausstellungstitel bezieht sich auf die »tausendfach geäußerten Entschuldigungen von Regierungen, Unternehmen und Finanzinstituten auf der ganzen Welt in dem Bemühen, Tragödien und Fehlverhalten wiedergutzumachen«. Siehe Ai Wei Wei und Mark Siemons: So Sorry. München: Prestel, 2009, S. 8.

257 Italo Calvino: Sechs Vorschläge für das nächste Jahrtausend. Übers. v. Burkhard Kroeber. München: Hanser, 1991, S. 11.

258 Ekkehard Martens: Der Faden der Ariadne oder Warum alle Philosophen spinnen. Leipzig: Reclam, 2000, S. 11 f.

259 Italo Calvino, a.a.O., S. 34 und S. 42.

260 Zur Nützlichkeit von Calvinos *Vorschlägen* für Manager s. Rebekka Reinhard: »Spinnen Sie jetzt!«, in: Hohe Luft kompakt 01 / 2018, S. 20–25.

261 Zitiert in Rebekka Reinhard: Odysseus oder die Kunst des Irrens. Philosophische Anstiftung zur Neugier. München: Ludwig, 2010, S. 200.

262 Zitiert in ebd., S. 201.

Literatur

Adorno, Theodor W.: Ästhetische Theorie. Frankfurt a. Main: Suhrkamp, 1970

d'Ancona, Matthew: Post Truth: The New War on Truth and How to Fight Back. London: Ebury Press, 2017

Arendt, Hannah: Vita activa oder Vom tätigen Leben. München: Piper, 2002

Assheuer, Thomas: »Nihilismus und Terror«, in: Die Zeit, Nr. 14, 28.03.2019, S. 40

Austin, John L.: Zur Theorie der Sprechakte (How to do things with Words). Übers. v. Eike von Savigny. Stuttgart: Reclam, 1986

Baecker, Dirk et al.: Kontroverse über China. Sino-Philosophie. Berlin: Merve, 2008

Ders.: »Sinndimensionen einer Situation«, in: ders. et al.: Kontroverse über China. Sino-Philosophie. Berlin: Merve, 2008

Balint, Michael: Angstlust und Regression. Übers. v. Konrad Wolff et al. Stuttgart: Klett-Cotta, 2017

Baudrillard, Jean: Der symbolische Tausch und der Tod. Übers. von Gerd Bergfleth, Gabriele Ricke und Roland Voullié. Berlin: Matthes & Seitz, 2005

Ders.: »Der Geist des Terrorismus, Teil 2«, https://egs.edu/ faculty/jean-baudrillard/articles/der-geist-des-terrorismus-teil-2/ (Zugriff Mai 2019)

Beard, Mary: Frauen und Macht. Ein Manifest. Übers. v. Ursula Blank-Sangmeister. Frankfurt a. Main: Fischer, 2018 de Beauvoir, Simone. Das andere Geschlecht. Sitte und Sexus der Frau. Übers. v. Uli Aumüller und Grete Osterwald. Reinbek b. Hamburg: Rowohlt, 2014

Beckers, Maja: »Wo ist die Wahrheit hin, Herr Boghossian?«. Interview von Maja Beckers mit Paul Boghossian, in: Hohe Luft 4/2017

Dies.: »Die Grenzen meiner Sprache«, in: Hohe Luft 4/2020, S. 46–51

Beckett, Samuel: Warten auf Godot. Übers. v. Elmar Tophoven. Frankfurt a. Main: Suhrkamp, 1990

Bennett, Michael Y.: The Cambridge Introduction to Theatre and Literature of the Absurd. Cambridge: Cambridge University Press, 2015

Berthold, Daniel: »Kierkegaard and Camus: either/or?«, in: International Journal for Philosophy of Religion, Nr. 73 (2013), S. 137–150

Boghossian, Paul: Angst vor der Wahrheit. Ein Plädoyer gegen Relativismus und Konstruktivismus. Übers. v. Jens Rometsch. Berlin: Suhrkamp, 2013

Böhme, Gernot: Atmosphäre. Essays zur neuen Ästhetik. Berlin: Suhrkamp, 2013

Breton, André: Die Manifeste des Surrealismus. Übers. v. Ruth Henry. Reinbek b. Hamburg: Rowohlt, 1993

Bridle, James: New Dark Age. Technology and the End of the Future. London: Verso, 2018

Bürger, Peter: Theorie der Avantgarde. Frankfurt a. Main: Suhrkamp, 1974

Calvino, Italo: Sechs Vorschläge für das nächste Jahrtausend. Übers. v. Burkhard Kroeber. München: Hanser, 1991

Campbell, Joseph: Der Heros in tausend Gestalten. Übers. von Karl Köhne. Frankfurt a. Main: Insel, 2011

Camus, Albert: Der Mythos von Sisyphos: Ein Versuch über das Absurde. Übers. v. Hans Georg Brenner und Wolfdietrich Rasch. Reinbek b. Hamburg: Rowohlt, 1998

Chomsky, Noam: »The Case Against B. F. Skinner«, in: New York Review of Books, Nr. 30, 1971, S. 18–24

Cuddy, Amy: Dein Körper spricht für dich. Von innen wirken, überzeugen, ausstrahlen. Übers. v. Henriette Zeltner. München: Mosaik, 2016

Davis, Mike: »Die Flammen von New York«, in: Süddeutsche Zeitung, Nr. 282, 07.12.2001, S. 21

Dear, Brian: The Friendly Orange Glow. The Untold Story of the PLATO System and the Dawn of Cyberculture. London: Pantheon, 2017

Deitz, Hella: »Mythos Tabubrecher«, in: Die Zeit Online, 13.08.2018, https://www.zeit.de/kultur/2018-08/jordan-peterson-kanada-professor-politische-korrektheit-feminismus-geschlechteridentitaet/komplettansicht (aufgerufen am 05.07.2020)

Deleuze, Gilles. Proust und die Zeichen. Übers. v. Henriette Beese. Berlin: Merve, 1993

Delius, Christoph et al.: Geschichte der Philosophie von der Antike bis heute. Könemann, 2005

Dewey, John: Erfahrung und Natur. Übers. v. Martin Suhr. Frankfurt a. Main: Suhrkamp, 1995

Ders.: Philosophie und Zivilisation. Übers. v. Martin Suhr. Frankfurt a. Main: Suhrkamp, 2003

Dieckmann, Cornelius: »Eine App, sie alle zu knechten«. Interview mit James Griffiths, in: Frankfurter Allgemeine Zeitung, Nr. 158, 11.07.2019, S. 13

Döring, Sabine (Hg.): Philosophie der Gefühle. Frankfurt a. Main: Suhrkamp, 2009

Eagleton, Terry: Ideologie: Eine Einführung. Übers. von Anja Tippner. Stuttgart, Weimar: Metzler, 2000

Eco, Umberto: Im Labyrinth der Vernunft: Texte über Kunst und Zeichen. Leipzig: Reclam, 1990

Farson, Richard: Management of the Absurd: Paradoxes in Leadership. New York: Touchstone, 1996

Fausto-Sterling, Anne: Biological Theories About Women and Men. New York: Basic Books, 1992

Frankfurt, Harry G.: Bullshit. Frankfurt a. Main: Suhrkamp, 2006

Franklin, Benjamin: Autobiographie. Hg. v. Karl-Maria Guth. Übers. v. Karl Müller. Berlin: Hofenberg, 2016

Ganesh, Janan: »Minimalism and me«, in: Financial Times
25./26.01.2020, S. 22

Garcia, Tristan: Das intensive Leben. Eine moderne Obsession. Übers. v. Ulrich Kunzmann. Berlin: Suhrkamp,
2017

Goffman, Erving: Wir alle spielen Theater. Die Selbstdarstellung im Alltag. Übers v. Peter Weber-Schäfer. München,
Berlin: Piper, 2016

Gogol, Nicolai: Die Nase. Übers. v. Dorothea Trottenberg.
Stuttgart: Reclam, 1997

Goldberg, Michelle: »The Darkness Where the Future Should
Be«, in: The New York Times, International Edition,
25./26.01.2020, S. 8 und 10

Graw, Isabelle: Der große Preis. Kunst zwischen Markt und
Celebrity Culture. Köln: Dumont, 2008

Greitemeyer, Tobias: »Article retracted, but the message lives
on«, in: Psychonomic Bulletin & Review, Bd. 21, 2014,
S. 557–561

Gumbrecht, Hans Ulrich: Präsenz. Berlin: Suhrkamp, 2012

Güntert, Manuel: »Post-Faktisch – Über die unheimliche
Macht der Fake-News«, in: Hohe Luft Online, 20.02.2019,
https://www.hoheluft-magazin.de/2019/02/post-faktisch-
ueber-die-unheimliche-macht-der-fake-news/?fbclid=Iw
AR3dGnzDn_6m3DTBNwAoD8712vrzAySqJN0xDd-raB-
z6eKfK_VlKw8XIFQM (aufgerufen am 07.07.2020)

Hader, Josef: »Herr Strache und die Weltgeschichte«, in: Süddeutsche Zeitung, Nr. 122, 27.05.2019, S. 12

Hanimann, Joseph: »Falsche Opfer«. Interview mit Elisabeth
Badinter, in: Süddeutsche Zeitung, Nr. 287, 12.12.2016,
S. 10

Haslanger, Sally: Resisting Reality. Social Construction and
Social Critique. Oxford: Oxford University Press, 2012

Heller, Ágnes: »Glück. Was ist das, Ágnes Heller?« Interview von Elisabeth von Thadden, in: Die Zeit, Nr. 20,
09.05.2019, S. 48

Homann, Karl und Christoph Lütge: Einführung in die Wirtschaftsethik. Münster: Lit Verlag, 2004

Hua, Sha und Christian Rickens: »Im Reich der Reichen«, in: Handelsblatt, Nr. 58, 22./23./24.03.2019, S. 43−49

Huizinga, Johan: Homo ludens. Vom Ursprung der Kultur im Spiel. Übers. v. H. Nachrod. Reinbek b. Hamburg: Rowohlt, 1966

Hütter-Almerigi, Yvonne: »Die Begriffsverbesserer«, in: Hohe Luft 05/2020, S. 62−67

Illies, Florian: »Die Zwanziger sind da«, in: Die Zeit, Nr. 5, 11.01.2020, S. 49−50

Illinger, Patrick: »Fehler im System«, in: Süddeutsche Zeitung Nr. 88, 13./14.04.2019, S. 4

Jessen, Jens: »Heute ist alles, was Männer tun, sagen, fühlen oder denken, falsch − weil sie dem falschen Geschlecht angehören«, in: Die Zeit, Nr. 15, 05.04.2018, S. 55 f.

Jousset, Philippe: »Wie man dem Subjekt aus dem Weg geht oder sich von ihm befreit«, in: Dirk Baecker et al.: Kontroverse über China. Sino-Philosophie. Berlin: Merve, 2008, S. 49−64

Jullien, Francois: Vortrag vor Managern über Wirksamkeit und Effizienz in China und im Westen. Übers. v. Ronald Voullié. Berlin: Merve, 2006

Kafka, Franz. Die Verwandlung. München: dtv, 2008

Kahneman, Daniel: Schnelles Denken, langsames Denken. Übers. von Thorsten Schmidt. München: Pantheon, 2014

Kant, Immanuel: »Beantwortung der Frage: Was ist Aufklärung?«, in: Was ist Aufklärung: Beiträge aus der Berlinischen Monatsschrift, Darmstadt: wbg, 1973

Keen, Andrew: The Internet Is Not The Answer. London: Atlantic, 2015

Kümmel, Peter: »Weil sie wissen, was sie tun«, in: Die Zeit, Nr. 29, 11.07.2019, S. 35

Lakoff, George und Mark Johnson: Metaphors We Live By. Chicago, London: The University of Chicago Press, 2003

Lanier, Jaron: Zehn Gründe, warum du deine Social Media Accounts sofort löschen musst. Übers. v. Martin Bayer und Karsten Petersen. Hamburg: Hoffmann und Campe, 2018

Lasch, Christopher: Das Zeitalter des Narzißmus. München: dtv, 1986

Lepore, Jill: Diese Wahrheiten: Geschichte der Vereinigten Staaten von Amerika. Übers. v. Werner Roller. München: C. H. Beck, 2019

Lloyd, Genevieve: Man of Reason. »Male« and »Female« in Western Philosophy. London: Methuen, 1993

Lobo, Sascha: Realitätsschock. Zehn Lehren aus der Gegenwart. Kiepenheuer & Witsch: Köln, 2019

Ders.: »Schafft den Authentizitätswahn im Internet ab!«, in: Spiegel Online, 28.08.2012, https://www.spiegel.de/netzwelt/web/sascha-lobo-schafft-den-authentizitaetswahn-im-internet-ab-a-852453.html (aufgerufen am 07.07.2020)

Loh, Janina: Trans- und Posthumanismus zur Einführung. Hamburg: Junius, 2018

Dies.: »Die Rolle des Menschen im KI-Umfeld«, in: Frankfurter Institut für Risikomanagement und Regulierung, 29.01.2019, https://www.firm.fm/infodienste/news/newsbeitrag/die-rolle-des-menschen-im-ki-umfeld.html (Zugriff Juni 2020)

Lovelock, James: Novozän: Das kommende Zeitalter der Hyperintelligenz. Übers. von Annabel Zettel. München: C. H. Beck, 2020

Lütjen, Torben: Amerika im kalten Bürgerkrieg: Wie ein Land seine Mitte verliert. wbg Theiss, 2020

Manne, Kate: Down Girl. The Logic of Misogyny. Oxford: Oxford University Press, 2018

Marinetti, Filippo Tommaso: Manifeste des Futurismus. Übers. v. Stefanie Golisch. Berlin: Matthes & Seitz, 2018

Marinić, Jagoda: Sheroes. Neue Heldinnen braucht das Land. Frankfurt a. Main: S. Fischer, 2019

Martens, Ekkehard: Der Faden der Ariadne oder Warum alle Philosophen spinnen. Leipzig: Reclam, 2000

Meiler, Oliver: »Der Mann, der Salvini ins Gespräch bringt«, in: Süddeutsche Zeitung Online, 27.06.2017, https://www.sueddeutsche.de/politik/salvini-lega-nord-social-media-1.4498407 (Zugriff Juni 2020)

Menasse, Eva: »Alles geht in Trümmer«, in: Neue Züricher Zeitung Online, 27.05.2019, https://www.nzz.ch/feuilleton/eva-menasse-sieht-die-oeffentlichkeit-vor-dem-zerfall-ld.1484079 (Zugriff Juni 2020)

Meyer, Max Friedrich: Psychology of the Other-One. Missouri: Missouri Book Company, 1921

Mingels, Guido: »Amazon ist ungeheuer böse«. Interview mit Jonathan Franzen, in: Der Spiegel, Nr. 22, 25.05.2019, S. 70–72

Moorstedt, Michael: »Der Supersuperstar«, in: Süddeutsche Zeitung Online, 16.12.2018, https://www.sueddeutsche.de/kultur/netzkolumne-der-supersuperstar-1.4255200 (Zugriff Juni 2020)

N. N.: »Sanfter Zwang«, in: Der Spiegel, Nr. 40/1971, S. 171 f.

N. N.: »Yes, I'd lie to you«, in: The Economist, 10.–16.09.2016, S. 20–23

N. N.: »Everything's under control«, in: The Economist, 23.03.–03.04.2020, S. 10 und S. 20–22

N. N.: »Bill Cosby sentenced to state prison for sexual assault«, in: BBC News Online, https://www.bbc.com/news/world-us-canada-45644374 (aufgerufen am 09.07.2020)

N. N.: »Emails Add to Hillary Clinton's Central Problem: Voters Just Don't Trust Her«, in: New York Times Online, https://www.nytimes.com/2016/05/26/us/politics/hillary-clinton-emails-campaign-trust.html?_r=0 (aufgerufen am 09.07.2020)

N. N.: »Geschäft mit Computer- und Videospielen boomt«, in: Handelsblatt Online, https://www.handelsblatt.com/unternehmen/it-medien/games-branche-geschaeft-mit-computer-und-videospielen-boomt/22915568.html?ticket=ST-4713756-hvljQHvLU9eDvfKkZfHJ-ap2 (aufgerufen am 09.07.2020)

Nagel, Thomas: »The Absurd«, in: The Journal of Philosophy, Bd. 8, Nr. 20, 21.10.1971, S. 716–727

Neckel, Sighard: Flucht nach vorn. Die Erfolgskultur der Marktgesellschaft. Frankfurt a. Main: Campus, 2008

Nisbett, Richard E.: The Geography of Thought. How Asians

and Westeners Think Differently and Why. London:
Nicholas Brealey Publishing, 2009

Nosthoff, Anna-Verena und Felix Maschewski: Die Gesellschaft der Wearables. Digitale Verführung und soziale
Kontrolle. Berlin: Nicolai, 2019

Orwell, George: 1984. Übers. v. Michael Walter. München:
Ullstein, 2007

Pentland, Alex: Social Physics: How Social Networks Can
Make Us Smarter. New York: Penguin, 2015

Peterson, Jordan B.: 12 Rules for Life: Ordnung und Struktur
in einer chaotischen Welt – dieses Buch verändert Ihr
Leben! Übers. von Marcus Ingendaay und Michael Müller.
München: Goldmann, 2018

Plessner, Helmuth: Grenzen der Gemeinschaft: Eine Kritik
des sozialen Radikalismus. Frankfurt a. Main: Suhrkamp,
2001

Priddat, Birger P.: »Die Zukunft des Befristeten«, in: Hohe
Luft kompakt 01/2020, S. 26–31

Reckwitz, Andreas: Die Gesellschaft der Singularitäten: Zum
Strukturwandel der Moderne. Berlin: Suhrkamp, 2017

Reinhard, Rebekka: »Casino der Träume«, in: Hohe Luft
3/2020, S. 64–69

Dies.: »Die Performanz des Beraters«, in: Hohe Luft kompakt
01/2020, S. 74–29

Dies.: »Die philosophische Krankheit«, in: Hohe Luft 6/2019,
S. 20–25

Dies.: Kleine Philosophie der Macht (nur für Frauen). München: Ludwig, 2015

Dies.: Odysseus oder die Kunst des Irrens. Philosophische
Anstiftung zur Neugier. München: Ludwig, 2010

Dies.: Schön!: Schön sein, schön scheinen, schön leben – eine
philosophische Gebrauchsanweisung. München: Ludwig,
2013

Dies.: »Spinnen Sie jetzt!«, in: Hohe Luft kompakt 01/2018,
S. 20–25

Dies.: »Unsere wilden Wegweiser«, in: Hohe Luft 6/2018,
S. 14–17

Dies.: »Warten auf den Sinn«, in: Hohe Luft 05/2017,
S. 48–52

Reinhard, Rebekka und Thomas Vašek: »Alle mal Klappe
halten? Wie die Öffentlichkeit sich selbst zerstört – und
was wir dagegen tun können«, in: Hohe Luft 5/2019,
S. 15–19

Dies. und ders.: »Angstlust: Das Gefühl unserer Zeit«, in:
Hohe Luft 6/2018, S. 19–21

Dies. und ders.: »In unserem Kontext ist das Leib-Seele-
Problem bedeutungslos«. Interview mit Georg Northoff,
in: Hohe Luft 03/2019, S. 66–72

Dies. und ders.: »Wir sollten es wagen, utopischer zu
denken«. Interview mit Mithu M. Sanyal, in: Hohe Luft
3/2018, S. 51 ff.

Dies. und ders.: »Zu dumm für die Zukunft? Welche Intelligenzen wir morgen brauchen«, in: Hohe Luft 3/2020,
S. 14–19

Riesman, David: Die einsame Masse: Eine Untersuchung der
Wandlungen des amerikanischen Charakters. Übers. v.
Renate Rausch. Reinbek b. Hamburg: Rowohlt, 1958

Roehl, Heiko: Ich Anderer. Berlin: Nicolai, 2018

Rothmann, Kurt: Kleine Geschichte der deutschen Literatur.
Stuttgart: Reclam, 1997

Rudzio, Kolja: »Wenn der Roboter die Fragen stellt«, in:
Die Zeit, Nr. 35, 23.08.2019, S. 22

Safranski, Rüdiger: Romantik: Eine deutsche Affäre.
München: Hanser, 2007

Schiller, Friedrich: Über die ästhetische Erziehung des
Menschen in einer Reihe von Briefen. Kommentar von
Stefan Matuschek. Berlin: Suhrkamp, 2013

Schirrmacher, Frank. Ego: Das Spiel des Lebens. München:
Pantheon, 2014

Schleichert, Hubert: Wie man mit Fundamentalisten diskutiert, ohne den Verstand zu verlieren. Anleitung zum
subversiven Denken. München: Beck, 2003

Schwab, Gustav: Sagen des klassischen Altertums. Köln:
Agrippina, 1954

Seel, Martin: 111 Tugenden, 111 Laster: Eine philosophische
Revue. Frankfurt a. Main: Fischer, 2015

Shore, Robert: Beg, Steal & Borrow: Artists Against Originality. London: Laurence King Publishing, 2017

Siemons, Mark: »Gegen die Gegenwärtigkeit: Was ist digitaler ›Präsentismus‹?«, in: Frankfurter Allgemeine Sonntagszeitung, Nr. 26, 30.06.2019, S. 34

Ders.: »Wir Cyborgs«, in: Frankfurter Allgemeine Sonntagszeitung, Nr. 31, 04.08.2019

Sippenauer, Maximilian: »Ein Doktortitel fürs Wiederkäuen«,
in: Süddeutsche Zeitung Online, 21.10.2017, https://www.
sueddeutsche.de/bildung/geisteswissenschaften-ein-
doktortitel-fuers-wiederkaeuen-1.3715908 (aufgerufen
am 06.07.2020)

Skinner, B. F.: Erziehung als Verhaltensformung. Übers. v.
Eike Schmitz. München: E. Keimer, 1971

Ders: Walden Two. Die Vision einer besseren Gesellschaft.
Übers. v. Harry Theodor Master. München: FiFa-Verlag,
2002

Ders.: Wissenschaft und menschliches Verhalten. Übers. v.
Edwin Ortmann. München: Kindler, 1973

Sloterdijk, Peter: Eurotaoismus: Zur Kritik der politischen
Kinetik. Frankfurt a. Main, Suhrkamp, 1989

Snow, C. P.: Die zwei Kulturen: Literarische und naturwissenschaftliche Intelligenz. Übers. v. Grete und Karl-Eberhardt
Felten. Stuttgart: Klett, 1967

Solnit, Rebecca: Wenn Männer mir die Welt erklären.
Hamburg: Hoffmann und Campe, 2015

Stegmüller, Wolfgang: Das Problem der Induktion.
Humes Herausforderung und moderne Antworten.
Darmstadt: Wissenschaftliche Buchgesellschaft,
1996

Stokowski, Margarete: Die letzten Tage des Patriarchats.
Reinbek b. Hamburg: Rowohlt, 2018

Sutton-Smith, Brian: The Ambiguity of Play. Harvard:
Harvard University Press, 1997

Taylor, Charles: Erklärung und Interpretation in den Wis-

senschaften vom Menschen. Übers. von Nils Thomas
Lindquist. Frankfurt a. Main: Suhrkamp, 1975

Thaler, Richard und Cass Sunstein, Nudging: Wie man kluge
Entscheidungen anstößt. Übers. v. Christoph Bausum.
Berlin: Econ, 2008

Tindale, Christopher W.: Fallacies and Argument Appraisal.
Cambridge: Cambridge University Press, 2007

Tugendhat, Ernst und Ursula Wolf, Logisch-semantische
Propädeutik. Stuttgart, Reclam, 1983

Utz, Christian: »Neue Musik und Interkulturalität: Von Cohn
Cage bis Tan Dun«, in: Archiv für Musikwissenschaft.
Beihefte, Bd. 51

Vašek, Thomas: »Immer schön geschmeidig bleiben«, in:
Hohe Luft 06/2017, S. 72–75

Ders.: »Die Kraft von Metanoia: Warum wir in der Wirtschaft
eine radikale Veränderung des Denkens brauchen«, in:
Hohe Luft kompakt 1/2020, S. 4–5

Vita-More, Natasha: »Ist der Transhumanismus ein Humanismus?«, in: Hohe Luft 02/2018, S. 19

Vooren, Christian: »Sie glaubte ihre eigenen Lügen«, in:
Tagesspiegel Online, 27.07.2019, https://www.tagesspiegel.
de/kultur/bloggerin-marie-sophie-hingst-gestorben-sie-
glaubte-ihre-eigenen-luegen/24845010.html (aufgerufen
am 10.07.2020)

Walther, Bo Kampmann: »Playing and Gaming: Reflections
and Classifications«, in: Game Studies. The International
Journal of Computer Game Research, http://gamestudies.
org/0301/walther/ (aufgerufen am 10.07.2020)

Watts, Alan: Der Lauf des Wassers. Die Lebensweisheit des
Taoismus. Übers. v. Susanne Schaub. Frankfurt a. Main:
Insel, 2003

Wei Wei, Ai und Mark Siemons: So Sorry. München: Prestel,
2009

Wiener, Anna: Uncanny Valley. A Memoir. London:
4th Estate, 2020

Wiener, Norbert: The Human Use of Human Beings. Cybernetics and Society. Boston: Houghton Mifflin, 1954

Williams, Bernard: Wahrheit und Wahrhaftigkeit. Übers. v. Joachim Schulte. Frankfurt a. Main: Suhrkamp, 2003

Witt, Charlotte: The Metaphysics of Gender. Oxford: Oxford University Press, 2011

Wolf, Ursula: Die Philosophie und die Frage nach dem guten Leben. Reinbek b. Hamburg: Rowohlt, 1999

Zhou, Zhenglong und Chaz Fireston: »Humans can decipher adversarial images«, Nature online, 22.03.2019, https://www.nature.com/articles/s41467-019-08931-6 (aufgerufen am 30.06.2020)

Register

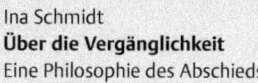

Wolf Lotter
Publizist

Wolf Lotter
Zusammenhänge
Wie wir lernen, die Welt
wieder zu verstehen

296 Seiten | Gebunden
Euro 20,– (D)
ISBN 978-3-89684-281-7
Auch als E-Book erhältlich

Foto: Sarah Ester Paulus

»Kontext ist King«

Die Welt ist so kompliziert, dass wir uns daran gewöhnt
haben, den Wald vor lauter Bäumen nicht mehr zu sehen.
Aber diese Blindheit können wir uns nicht mehr leisten,
argumentiert Wolf Lotter. Sein Buch zeigt, wie wir die Welt
in ihren Zusammenhängen neu verstehen können.

www.edition-koerber.de

Gesellschaft
besser machen

Mehr erfahren: www.koerber-stiftung.de
Mehr erleben: www.koerberforum.de
Mehr lesen: www.edition-koerber.de

Mehr Bäume.
Weniger CO_2.

www.cpibooks.de/klimaneutral

MIX
Papier aus verantwor-
tungsvollen Quellen

FSC® C083411